Liebe Leserinnen, liebe Leser!

»Das Genießerland« steht auf dem Cover dieses Du-Mont Bildatlas – ganz sicher zu Recht! Mit 26 Michelin-Sternen, die sich auf 19 Restaurants verteilen, verfügt Südtirol unter allen Provinzen Italiens über die meisten Sterneköche. Auch abseits der Gourmetrestaurants darf man sich auf Essgenuss freuen, viele Almhütten bieten eine Küche für Schlemmer.

Sternerestaurants contra Berghütten

Bei meinem letzten Südtirol-Aufenthalt kehrte ich auf Empfehlung unserer Autorin Margit Kohl in Franz Mulsers Almhütte auf der Seiser Alm ein und traute meinen Augen nicht. Die Heublumensuppe war ein kleines Kunstwerk (s. S. 57) und schmeckte sensationell. Ganz frische, regionale Produkte und Fleisch von glücklichen Tieren verwenden auch viele andere Köche der Region. Gute Adressen präsentieren wir Ihnen auf S. 58.
Aber die Bezeichnung »Genießerland« bezieht sich natürlich nicht nur aufs Essen. Südtirol begeistert mit ausgefallenen Wellnessmethoden – können Sie sich unter Gletscherstaub und Bienenluft etwas vorstellen? Wenn nicht, informieren Sie sich auf S. 37.

Wellness, Wasserwelten und Wandern

Viele Hotels bieten in ihren luxuriösen Spas ausgefallene Wellnessanwendungen und locken zudem mit grandiosen Pool- und Saunalandschaften. Einige haben gar spektakuläre Infinitypools (die besten stellen wir auf S. 22/23 vor), von denen aus der Blick in die grandiose Bergwelt schweift. Apropos Bergwelt – das ist natürlich das eigentliche Highlight der Region. Einmalige Wandererlebnisse für jeden beschert Südtirol, und ist auch insofern ein Land für Genießer. Meine Lieblingstour rund um die Drei Zinnen wird auf S. 115 beschrieben. Ein Teilstück der Strecke ist sogar für Familien gut zu bewältigen. Ans Herz legen möchte ich Ihnen aber auch den Yakauftrieb mit Reinhold Messner. Unser Fotograf Frank Heuer war Ende Juni 2018 dabei, als der berühmte Alpinist die Herde auf die Sommerweide brachte. Das Wetter war in diesem Jahr allerdings gar nicht sommerlich (S. 10/11 und 43), aber das kann einen Bergsteiger nicht erschüttern.
Herzlich

Ihre

Birgit Borowski
Programmleiterin DuMont Bildatlas

Schon früh hat sich **Frank Heuer** auf Reisefotografie spezialisiert und ist ein Großteil des Jahres in der ganzen Welt unterwegs. Er lebt mit seiner Familie am Ammersee.

Bei ihren Italienreisen plant **Margit Kohl,** langjährige Reisechefin der Süddeutschen Zeitung, stets einen Stopp in Südtirol ein. Schließlich ist eine Marende – so heißt hier die Jause – auf einer Almhütte vor hohen Zackenbergen einfach unwiderstehlich.

100 Die Drei Zinnen gelten als Wahrzeichen der Dolomiten.

56 Sciare con gusto, „Skifahren mit Genuss", ist nur eine von vielen besonderen Ideen der Südtiroler Gourmetköche.

Impressionen

8   Kultur, Genuss, Bewegung, Entspannung und immer wieder Berge, eine spektakuläre Vielfalt an Türmen, Pfeilern, Zacken – das zeigt unser Südtirol-Bilderbogen.

. . . .

Vinschgau und Meraner Land

24   **Gegen den Strom**
     Während im Obervinschgau der kräftige Wind des Nordens weht, trumpft das Meraner Land im Süden mit mediterranem Klima auf

     DUMONT THEMA
36   **Die Natur macht's!**
     Die Südtiroler kennen vielerlei Schätze für Wellnessrituale, von Latschenkiefernadeln bis Gletscherstaub.

40   **Straßenkarte**
41   **Infos & Empfehlungen**

. . . .

Zentrale Dolomitenregion

44   **Im Reich der Zackenberge**
     Die Dolomiten mit ihrer Formenvielfalt zählen zu den imposantesten Gebirgslandschaften der Erde und nicht umsonst zum UNESCO-Welterbe.

     DUMONT THEMA
56   **Die Genusshandwerker**
     Von allen italienischen Provinzen zählt Südtirol die meisten Michelin-Sterne. Auch auf vielen Almhütten und Bauernhöfen wird regional gekocht.

60   **Straßenkarte**
61   **Infos & Empfehlungen**

22 Wasser und Berge – für viele ist das die Urlaubskombi schlechthin.

. . . .

Wipptal und Eisacktal

64   **Auf dem Krönungsweg**
     Entlang der Route über den Brenner entstanden vor Jahrhunderten Handels- und Machtzentren wie Sterzing und Brixen. Die Hänge der Täler werden von Apfelbäumen und Weinreben beherrscht.

UNSERE FAVORITEN

BEST OF ...

22   **Hotelpools – Wasserwelten mit Aussicht**
     In traumhaft gelegenen Infinitypools hat man den Eindruck, direkt in die Dolomiten hineinzuschwimmen.

94   **Weinkultur – Ästhetischer Eigensinn**
     Bei vielen Kellereien korrespondiert die Qualität des Weins mit der reizvollen Architektur.

116 **Winteraktivitäten – Let it snow!**
     Alternative zum Abfahrtsskilauf gesucht? Bitte schön! Nichts leichter als das.

64 Über tausend Jahre alt ist Brixen, Station der deutschen Kaiser auf ihrem Krönungsweg nach Rom.

DUMONT THEMA
108 **La deutsche Vita**
Hier trifft mediterrane Lässigkeit auf deutsche Gründlichkeit – Südtirol ist ein Schmelztiegel kultureller Vielfalt, und das zahlt sich aus.

112 **Straßenkarte**
113 **Infos & Empfehlungen**

....

Anhang

118 **Service – Reisemarkt**
125 **Register, Impressum**
126 **Vorschau, lieferbare Ausgaben**

DuMont Aktiv

Genießen Erleben Erfahren

DUMONT THEMA
74 **Zu Gast bei Hof**
Als traditionell gilt das Törggelen nur dort, wo Wein und Kastanien wachsen, so wie im Eisacktal.

76 **Straßenkarte**
77 **Infos & Empfehlungen**

....

Bozen und der Süden

80 **Weltstädtchen mit Weindörfern**
Die Landeshauptstadt fasziniert mit ihrem deutsch-italienischen Kulturmix. Entlang der Weinstraße breiten sich Rebfelder aus, so weit das Auge reicht.

96 **Straßenkarte**
97 **Infos & Empfehlungen**

....

Pustertal

100 **Ein Stück vom Himmel**
Das malerische, quirlige Bruneck wurde mehrfach zur glücklichsten Kleinstadt Italiens gewählt. Die steil aufragenden Felsriffe der Sextner Dolomiten sind für viele das Bergglück schlechthin.

43 **Yakauftrieb mit Reinhold Messner**
Wenn der berühmte Alpinist seine Yakherde auf die Sommerweide bringt, nimmt er wanderfreudige Begleiter mit.

63 **Im Pistenkarussell**
Ob im oder gegen den Uhrzeigersinn: Die Sellaronda ist ein Erlebnis, nicht nur für absolute Skiasse.

79 **Zum Wolkenschloss**
Die Königstour der Bergwanderer führt zum Becherhaus, Südtirols höchstgelegener Schutzhütte auf 3195 Metern.

99 **Bergbauer auf Zeit**
Die Bergbauernhilfe in Bozen vermittelt freiwillige Arbeitseinsätze in Südtirol – perfekt für alle, die sich gern in schöner Berglandschaft bewegen und dabei Gutes tun wollen.

115 **Drei auf einen Streich**
Die Wanderung um das Wahrzeichen der Dolomiten, die Drei Zinnen, ist absolut faszinierend – und familientauglich.

Topziele

Die bedeutendsten Sehenswürdigkeiten Südtirols sowie Erlebnisse,
die Sie keinesfalls versäumen sollten, haben wir auf dieser Seite zusammengestellt.
Auf den Infoseiten sind diese Highlights jeweils als TOPZIEL *gekennzeichnet.*

NATUR

1 Seiser Alm: Almwiesen vor Zackenbergen – in dem nahezu autofreien Naturjuwel lässt sich urlauben wie im Bilderbuch. **Seite 61**

2 Rittner Erdpyramiden: Die Lehmsäulen, die auf der Spitze einen Deckstein balancieren, gelten als Naturwunder. **Seite 97**

3 Pragser Wildsee: Wegen seines karibik-blauen Leuchtens gilt er als einer der schönsten Seen des Landes. **Seite 114**

4 Drei Zinnen: Das unverwechselbare Dreigestirn der Dolomiten will jeder Südtirol-Besucher umrunden oder zumindest sehen. **Seite 115**

KULTUR

5 Kurstadt Meran: Noch heute kann die alte Kurstadt mit schönen Jugendstilvillen, Parkanlagen und dem Flair der K.-u.-k.-Zeit punkten. **Seite 42**

6 Laubenstadt Bozen: In den langen Laubengängen herrscht schon seit dem Mittelalter geschäftiges Treiben, vor Wind und Wetter geschützt. **Seite 97**

7 Museion Bozen: Der futuristische Kubus voller bedeutender Gegenwarts-kunst leuchtet nachts als bespielte Medienfassade. **Seite 97**

8 MMM Corones: Das moderne Messner Mountain Museum auf dem Kronplatz, entworfen von Stararchitektin Zaha Hadid, ist eine architektonische Attraktion. **Seite 113**

ERLEBEN

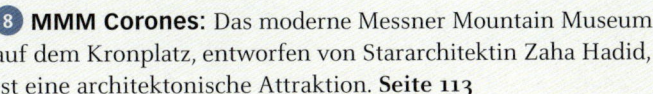

9 Kirchturm im Reschensee: Seit einem Staudammprojekt der 1950er-Jahre ragt von Alt-Graun nur noch der Kirchturm aus dem Wasser. **Seite 41**

10 Törggelen: Zur Erntezeit von Wein und Kastanien locken Buschenschänken im Eisacktal mit bäuerlichen Speziali-täten. **Seite 78**

11 Der Mann aus dem Eis: Ötzi, die älteste Mumie der Welt, kann in einer Kühlkammer des Bozner Archäologie-museums bestaunt werden. **Seite 97**

12 Südtiroler Weinstraße: Auf einer Weinsafari kann man die Vielfalt Süd-tiroler Weine kosten und mit Winzern ins Gespräch kommen. **Seite 98**

Drei auf einen Streich

Früh aufstehen lohnt sich, denn dann kann man
den schönsten Blick auf die Drei Zinnen, vom
Paternkofel aus, noch weitgehend allein genießen.
Eine Umrundung der magischen Zackenberge
zählt zu den attraktivsten Wandertouren in den
Dolomiten. Diese Gebirgslandschaft ist so außer-
gewöhnlich, dass sie als UNESCO-Weltnaturerbe
geschützt wird. Gilt doch die Natur in Südtirol
schon immer als der beste aller Baumeister.

Wie am Himalaya

Zottelige Yaks vor imposanter Bergkulisse, das bekommt man für gewöhnlich nur im Hochland Zentralasiens zu sehen. Oder man besucht Reinhold Messner Ende Juni in Südtirol und begleitet ihn beim alljährlichen Almauftrieb seiner Yakherde. Auch bei Wind und Wetter geht es dann von Sulden ein Stück weit hinauf in Richtung Madritsch-Alm, wo die Hochlandrinder am Fuß der Königspitze auf über 2800 Meter Höhe den Sommer verbringen.

Bozen leuchtet

Wie ein soeben gelandetes Ufo sieht das Bozner Museion aus, wenn der transparente futuristische Kubus nachts in Neonfarben erstrahlt. Die schwingenden Kurven der Brücke setzen das Thema fort. Entworfen vom Berliner Architekturbüro KSV, setzt sich das Gebäude spielerisch mit seiner Umgebung auseinander. Der Kontrast zu den benachbarten Wohnhäusern ist beabsichtigt, will das Museum für moderne und zeitgenössische Kunst doch auch Altstadt und Neustadt optisch verbinden.

Marktplatz der Genüsse

Es duftet nach frischen Kräutern, Südtiroler Schinken und Almkäse. Im Sommer leuchten bunte Blumensträuße an vielen Ständen, im Herbst werden Kastanien geröstet, und im Winter wird heißer Glühwein ausgeschenkt. Am Bozner Obstmarkt gibt es weit mehr als Obst und Gemüse zu kosten, weshalb die von mittelalterlichen Häusern gesäumten Marktstände und Freiluftbars bei Einheimischen wie Touristen als angesagter Treffpunkt gelten.

Auszeit mit Ausblick

Ankommen, entspannen und abtauchen im Panoramapool. Der Ausblick vom Wellnesshotel Taljörgele auf das Ridnauntal und seine Bergwelt ist grandios. Der Himmel leuchtet tiefblau, Bergkräuter verströmen ihren Wohlgeruch, und die Grillen zirpen. Hier kann man die Kraft der Sonne tanken, saubere Bergluft atmen und den Blick über die weiten Wiesen schweifen lassen. Mehr Entschleunigung geht nicht.

Hier geht's rund

Vom Gipfel des Ciampinoi, der sich südlich von
Wolkenstein erhebt, hat man eine wunderbare
Aussicht über das gesamte Grödnertal. Die Pisten
sind Teil des weltberühmten Skikarussells
Sellaronda, das es ermöglicht, den markanten
Sellastock zu umrunden, Mittelpunkt der sternförmig abzweigenden ladinischen Täler. Egal ob
man die Runde im oder gegen den Uhrzeigersinn
unternimmt, überall zeigt sich eine atemberaubende Kulisse aus Gipfeln und Bergmassiven.

Das Glück dieser Erde ...

....

... liegt auf dem Rücken der Pferde, lautet ein
bekanntes Sprichwort. Die als besonders gut-
mütig geltende Rasse der Haflinger, benannt
nach dem Ort Hafling, gehört längst zum Südtiroler Kulturgut. Blonde Mähne und robuste
Statur sind ihre Markenzeichen. Ursprünglich
als Arbeitshelfer im Gebirge gezüchtet, sind die
Pferdchen heute vor allem zum Vergnügen der
Gäste im Einsatz, wie hier am Reiterbauernhof
Oberfahrer in Jenesien.

Spektakuläre Hotelpools

Wasserwelten mit Aussicht

Vom beschaulichen Naturteich über eine spacige Skypool-Brücke bis zum extravaganten Infinitypool mit Sternwarte reicht das Angebot der Außenpools mit bester Aussicht auf Berge, Almwiesen oder Ortschaften unten im Tal.

1 Alpin & Relax Hotel Das Gerstl

Entspannung mit Fernsicht bietet der Naturbadeteich des Gerstl. Und im Außenpool gibt einem der Infinityeffekt das Gefühl, direkt in die Bergwelt des Obervinschgaus hineinzuschwimmen. Im Frühjahr tragen die Bergspitzen noch weiße Mützen, und wenn Nebel die Sicht auf den tief gelegenen Talkessel verschluckt, schwebt man hier oben in mystischer Stimmung über den Dingen.

Schlinig 4,
I-39024 Mals,
Tel. +39 0473 83 14 16,
www.dasgerstl.com

2 Hotel Therme Meran

Das Hotel Therme hat 2017 ein 3200 m² großes Skyspa auf seinem Flachdach eröffnet. Im Sole-Infinitypool schwimmt man über den Dächern Merans und chillt mit perfektem Ausblick auf den Thermenplatz, wo im Sommer regelmäßig Konzerte stattfinden. Die Innenarchitektur des Hotels und der gegenüberliegenden Therme, zu der Hotelgäste über einen unterirdischen Tunnel freien Eintritt haben, stammt von Matteo Thun.

Thermenplatz 1,
I-39012 Meran,
Tel. +39 0473 25 90 00,
www.hoteltermemerano.it

3 Sport & Wellness Resort Quellenhof

Dem Wellness-Himmel ganz nah ist, wer seinen Skypool mit niemandem teilen muss, weil der auf der eigenen Dachterrasse liegt. Im Sky Chalet des Quellenhofs gibt es gleich noch eine eigene Astrokuppel mit Sternwarte dazu. Astronomisch sind auch die Preise: 1500 bis 3500 Euro fürs nächtliche Sternegucken in der 320-m²-Luxussuite. Wem das dann doch zu teuer ist, dem stehen 10 000 m² Wohlfühloase zur Verfügung – allerdings nicht für sich allein.

Passeirerstraße 47,
I-39010 St. Martin in Passeier,
Tel. +39 0473 64 54 74,
www.quellenhof.it

4 Hotel Hohenwart

Auf der Dachterrasse des Vista-Spa im Hotel Hohenwart thront das 50 m² große Solebecken aus Glas. Durch den hohen Salzgehalt des angenehm temperierten Wassers hat man das Gefühl, man würde sanft getragen, quasi schweben. Dabei genießt man einen einzigartigen 360-Grad-Blick auf Schloss Schenna, das grüne Etschtal mit seinen Weinbergen und die majestätisch aufragenden Südtiroler Alpengipfel ringsum.

Verdinserstraße 5,
I-39017 Schenna,
Tel. +39 0473 94 44 00,
www.hohenwart.com

5 Miramonti Boutique-Hotel

Zwischen Himmel und Tal kann man hier oberhalb von Meran, auf 1230 m Höhe, im Salzwasser-Infinitypool abhängen. Dabei schweift der Blick über das romantische Kirchlein St. Kathrein, vor dem oft eine Haflingerherde grast. Kein Wunder, dass in der filmreifen Kulisse Szenen des James-Bond-Films „Der Spion, der mich liebte" gedreht wurden. Außen tritt das Boutique-Hotel in typischer Alpenarchitektur auf, innen mit edlen Designermöbeln und puristischem Chic.

St. Kathreinstraße 14,
I-39010 Hafling/Meran,
Tel. +39 0473 27 93 35,
www.hotel-miramonti.com

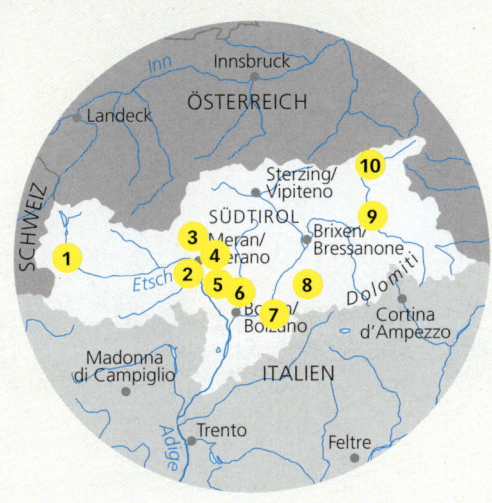

⑥ Hotel Belvedere

Im Reich der „Stoanernen Mandln" und der in gelben Herbstfarben leuchtenden Lärchenwälder findet man in Jenesien, oberhalb von Bozen, einen mystischen Platz zum Durchatmen. Im Spa des Belvedere kann man sich mit durchblutungsfördernden Massagen aus Lärchenöl verwöhnen lassen und anschließend im ganzjährig beheizten Infinitypool mit Blick auf Bozen die Seele baumeln lassen.

Pichl 15,
I-39050 Jenesien,
Tel. +39 0471 35 41 27,
www.belvedere-hotel.it

⑦ Cyprianerhof

Kieselsteine massieren die Füße im Naturpool des Cyprianerhofs, der nur mit natürlichem Quellwasser gefüllt ist, frei von Chlor und anderen chemischen Zusätzen. Auf Holzdecks, die bis ans Wasser heranreichen, kann man im Liegestuhl Platz nehmen wie im Kinosessel. Der Blick wandert über die Wiese mit der kleinen Holzhütte, die eine Sauna birgt, und weiter zu den mächtigen Zacken der Dolomitenberge.

St. Zyprian 69, I-39050 Tiers am Rosengarten,
Tel. +39 0471 64 21 43,
www.cyprianerhof.com

⑧ Adler Mountain Lodge

Diesem Ort auf der Seiser Alm wohnt ein besonderer Zauber inne. Wie ein Bergsee wirkt der wohltemperierte Solepool, in dem sich Lang- und Plattkofel spiegeln und von dem man eine spektakuläre Sicht auf die Naturkulisse mit Almwiesen und Bergmassiven genießt. 18 Suiten und 12 Chalets aus massivem Holz – ohne überbordenden Schnickschnack, dafür mit modernen Möbeln und großen Panoramafenstern – vermitteln Freiheit und Geborgenheit zugleich.

Pizstraße 11,
I-39040 Seiser Alm,
Tel. +39 0471 72 30 00,
www.adler-lodge.com

⑨ Panorama-Hotel Hubertus

Dieser Skypool ist ein echter Hingucker. Scheinbar frei schwebend ragt der 25 m lange Poolriegel weit in die Landschaft hinaus. Im Boden ist ein Glasfenster eingelassen, durch das man von unten die Silhouetten der Schwimmer sehen kann. Das Resort am Kronplatz versteht sich als Wander-, Ski- und vor allem als großzügiges Wellnesshotel mit sechs Saunen sowie sechs In- und Outdoorpools.

Furkelstraße 5,
I-39030 Geiselsberg/Olang,
Tel. +39 0474 59 21 04,
www.hotel-hubertus.com

⑩ A & L Wellnessresort

Im Ahrntal zählt das grandiose Naturerlebnis: 84 Dreitausender, über 80 Almen und 850 km Wanderwege. Im Außenpool auf der Dachterrasse des Amonti gehen Wassererlebnis und Bergwelt fließend ineinander über. Auf Whirl-Liegen kann man Wassermassagen in ungestörter Ruhe genießen, denn hier oben gilt: Adults only. Die beiden nebeneinander liegenden Häuser bieten Luxuswellness auf mehr als 3000 m² Fläche, mit 7 Pools, 7 Saunen und Panorama Sky Lounge.

Klausbergstraße 55,
I-39030 Steinhaus/Ahrntal,
Tel. +39 0474 65 10 10,
www.wellnessresort.it

Gegen den Strom

Mehr Kontrast geht nicht: Der Obervinschgau ist geprägt vom herben Charme einer Kulturlandschaft, die Künstler und Freigeister hervorgebracht hat. Während im Oberland noch der kräftige Wind des Nordens weht, trumpft das Meraner Land im Süden bereits mit mildem, mediterranem Klima auf – und mit historischem Kurstadtflair.

Wegelagerer der freundlichen Art: Begegnung im Naturpark Texelgruppe, beim Abstieg vom Schwarzkopfgipfel zu den Spronser Seen

Die kurvigen Bergstraßen des Vinschgau halten für ambitionierte Radfahrer spannende Anforderungen bereit. Der Lohn für die Anstrengung sind spektakuläre Aussichtspunkte, wie hier in Mazia, mit Blick auf den Ortler.

Rundfahrtenkapitän Arthur Winkler hat miterlebt, wie das Land seiner Familie im aufgestauten Reschensee unterging, und kann authentisch davon erzählen.

Das Ultental ist das wasserreichste Tal Südtirols – und eines der ursprünglichsten. Wer mit Rummel aller Art nichts am Hut hat, ist hier genau richtig.

Seit siebzig Jahren ein skurriler Anblick: der romanische Kirchturm von Alt-Graun, das die italienischen Faschisten im Reschensee versenkten. Mit der MS Hubertus von Arthur Winkler kann man den Turm umrunden.

Ein Kirchturm im Bergsee? Da staunt man nicht schlecht, wenn man bei Graun auf der Passstraße um die Kurve biegt und mitten im Reschensee einen Glockenturm stehen sieht. Staus sind hier keine Seltenheit, ist doch der Reschenpass eine der wichtigsten Nord-Süd-Verbindungen über die Alpen, und das spektakuläre Postkartenmotiv, das längst zum Wahrzeichen des Vinschgaus geworden ist, will sich wirklich kein Urlauber entgehen lassen.

Dabei sollte der Kirchturm ursprünglich zusammen mit ganz Alt-Graun für alle Zeiten in den Fluten des Sees versinken, damit nichts an die Tragödie von einst erinnern kann. Von langer Hand

von den Faschisten vorbereitet, wurde der Reschensee zwischen 1948 und 1950 aufgestaut, um Strom für Norditalien und die Schweiz zu erzeugen.

Niemand im alten Graun erhob Einspruch, als das Bozner Staatsbauamt 1940 die geplante neue Stauhöhe von 22 Metern bekannt gab, denn die Ankündigung war in Italienisch verfasst, was im Ort damals keiner verstand. Es war die Zeit der Unterdrückung deutscher Minderheiten. Wer beim Umsiedlungsabkommen nicht nach Nazi-Deutschland zurückgekehrt war, musste die italienische Staatsbürgerschaft annehmen. Deutsch durfte nicht mehr gesprochen werden.

Das Grauen von Graun

Der Konzern Montecatini ließ 1949 die Schleusen schließen und nach und nach Gebäude abtragen oder sprengen, bis das alte Graun und ein Teil von Reschen im steigenden Wasser versunken waren. 181 Häuser und 523 Hektar fruchtbarer Boden fielen den Fluten zum Opfer. Mehr als die Hälfte der Einheimischen fand im neu errichteten Graun keinen Platz und musste in die Fremde ziehen, denn an dem von hohen Bergen umgebenen See gab es nicht genügend Ausweichflächen für die Bauern. Allein der romanische Kirchturm von St. Katharina war nicht gesprengt worden. Das Denkmalamt wollte ihn als Erinnerung an das

Oberhalb von Schluderns thront seit Mitte des 13. Jahrhunderts die Churburg – hier der Blick auf den Taubenturm am unteren Ende der weitläufigen Anlage.

Vinschgauer Original: Benny von Spinn, Hausherr des Bunkers 23 bei Mals

In ihrer über 750-jährigen Geschichte nie zerstört, seit bald 500 Jahren im Besitz der Familie Trapp: die Churburg mit ihrem farbenfroh ausgestalteten Arkadengang

Ausschließlich Roggen aus dem Vinschgau, der einstigen Kornkammer Tirols, verarbeitet die 2010 gegründete Whiskydestillerie Puni in Glurns.

Einst bedeutender Verkehrsknotenpunkt und Salzhandelsmarkt, lebt das malerische Glurns heute vor allem vom Fremdenverkehr.

Special

Kleinste Stadt Südtirols

Von Menschen und Mäusen

Blickt man von oben auf Glurns, erkennt man sofort, was dieses romantische Kleinod so besonders macht: eine vollständig intakte Ringmauer mit drei malerischen Tortürmen.

Außer mit seiner Stadtmauer ist der gerade mal 900 Einwohner große Ort mit dem skurrilsten Fall der Rechtsgeschichte bekannt geworden: einem Prozess gegen Mäuse. Aufzeichnungen von 1519 zeugen davon, dass die Gemeinde Stilfs im Glurnser Gericht Klage gegen Feldmäuse führte, die so große Fressschäden angerichtet hatten, dass keine Abgaben in Form von Getreide mehr geleistet werden konnten. Ergebnis: Die Mäuse wurden zum Verlassen der Stadt verurteilt. Ob sie sich daran gehalten haben, ist nicht überliefert. In leckerer Pralinenform sind sie in der Konditorei Riedl jedenfalls noch immer zahlreich anzutreffen. Man findet sie auch in den Schwarz-Weiß-Illustrationen des Karikaturisten Paul Flora, der in Glurns

Komplett erhalten: Stadtmauer von Glurns

geboren wurde und dessen Werke im Kirchtorturm zu sehen sind. Die nach der verlorenen Calvenschlacht (1499) wiederaufgebaute kleine Festungsstadt ist bis heute fast unverändert erhalten. Ihre Bürgerhäuser in den engen Gassen sind weiterhin in lokalem Besitz, die wunderschönen Laubengänge daher noch nicht dem Kommerz geopfert. Sogar den einen oder anderen Bauernhof gibt es noch immer innerhalb der Stadtmauern.

alte Dorf erhalten und führte deshalb einen jahrelangen Streit mit Montecatini.

Heute mutet es gar lieblich an, wenn das kleine Ausflugsboot MS Hubertus im Sommer über den See schippert. Es handelt sich um das einzige Passagierschiff in Südtirol und zugleich um Europas höchstgelegene Binnenschifffahrt, auf fast 1500 Meter Höhe. „Manchmal ist es so, als würde ich die Kirchenglocken noch immer hören", sagt Kapitän Arthur Winkler, wenn er mit der MS Hubertus den Turm umrundet und den Gästen von der alten Heimat erzählt. Am 16. Juli 1950 läuteten die Glocken ein letztes Mal, bevor sie zusammen mit den Zeigern der Turmuhr für immer entfernt wurden. An surrealistische Bilder eines Salvador Dalí erinnern die zeigerlosen Zifferblätter nun, als wären sie einem Alptraum entsprungen. Kapitän Winkler hat das Grauen von Graun noch selbst miterlebt. Er sah, wie das Land seiner Familie in den Fluten versank.

Rau wie der Wind

Das Leben im oberen Vinschgau war schon immer rau – wie der Nordwind, der stetig über den Pass fegt. Noch bis Anfang des 20. Jahrhunderts herrschte im Trafoier Tal bittere Armut. Die sogenannten „Schwabenkinder" mussten sich im Alter von sechs bis vierzehn Jah-

Rechts: Die einstige Funktion der Vinschgauer Waale – die Bewässerung der Felder – übernehmen heute Beregnungsanlagen. Entlang der alten Wasserläufe sind Wanderwege entstanden, wie hier am Sonnenberg bei Kastelbell.

Unten: Die Belgierin Hilde Van den Dries bewirtschaftet den Weinberg der Benediktinerabtei Marienberg, oberhalb von Burgeis.

Links: Auch im Vernagt-Stausee im Schnalstal ist in den 1950er-Jahren ein Dorf versunken. Anders als am Reschensee taucht die Turmspitze der einstigen Kapelle von Vernagt nur im Frühjahr auf, bei niedrigem Wasserstand.

Als Reinhold Messner 1983 das halb verfallene Schloss Juval kaufte, hielten viele ihn für verrückt. Heute ist es Teil des Messner Mountain Museums.

Schloss Kastelbell wurde 1238 erstmals erwähnt. Heute gehört es dem Land Südtirol, das es für Konzerte und Ausstellungen nutzt.

„Wenn es um Wein geht, sind wir Südtiroler dem Himmel zweifellos ein Stück näher."

Hilde Van den Dries

ren jedes Frühjahr auf den Weg über die Alpen machen, zu den Kindermärkten in Oberschwaben, wo sie als Hütebuben, Knechte und Mägde vermittelt wurden.

Gustav Thöni ist hier im abgelegenen Trafoi aufgewachsen. „Noch 1972 hatte niemand im Tal einen Fernseher. Damals saßen alle bei uns vor der Glotze, um mich bei Wettkämpfen fahren zu sehen", erzählt er. In seinem Hotel Bella Vista führt Thöni, der in den 1970er-Jahren zu den besten Skirennläufern der Welt gehörte, heute gern Besucher durch ein kleines Museum seiner Erfolge: 30-mal Gold, 29-mal Silber und 20-mal Bronze bei Weltcup, Weltmeisterschaften und Olympischen Spielen.

Höchstleistungen bringt auch die Winzerin Hilde Van den Dries. Die Anfangsvierzigerin bewirtschaftet seit 2013 die Steilhänge am höchstgelegenen Weinberg Europas. Auf zwei Hektar in 1340 Meter Höhe bringt sie den Messwein für die Benediktiner von Kloster Marienberg in Burgeis zum Reifen. „Ein Knochenjob. Alles ohne Einsatz von Maschinen und nach streng biologischen Richtlinien. Aber wenn es um Wein geht, sind wir Südtiroler dem Himmel zweifellos ein Stück näher", sagt die gebürtige Belgierin.

An außergewöhnlichen Ideen ist der Vinschgau gewiss nicht arm. So hat am

Fuß des Tartscher Bühels bei Mals ein Künstler einen ehemaligen Bunker zur Friedensterrasse umgebaut. Als einige der unter Mussolini gebauten Bunker des ehemaligen Alpenwalls aufgelöst und 2007 an Privatleute verkauft wurden, erwarb Benny von Spinn, dessen Familienname sich vom rätoromanischen de Spina herleitet, den Betonkoloss. Aber nicht etwa, um dort Käse oder Wein zu lagern – Bunker 23 soll ein subversives Zeichen setzen. Die Dachterrasse ist von einem Holzzaun umgeben, der die Soundschwingungen von John Lennons Song „Give Peace a Chance" nachzeichnet. In der Mitte steht ein runder Tresen, um den frei schwingende Sesselliftsitze baumeln. Kurioser wirkt nur noch der halbe Wohnwagen, der aus der fast vier Meter dicken Fassade ragt. Im Innern des Bunkers soll ein Ort für Kunst- und Kulturevents entstehen, sofern die Gemeinde mitspielt.

Der Erhalt ihres natürlichen Lebensraums liegt den Vinschgauern am Herzen. Einst galt die Gegend als Kornkammer Südtirols, doch seit das Klima immer milder wird, haben sich Monokulturen von Apfelplantagen ausgebreitet. Als Gemeinde der Ökorebellen hat sich deshalb vor allem Mals einen Namen gemacht, weit über die Region hinaus. Per Volksabstimmung wurde

Im Gasthof Hochmuth über Dorf Tirol können Wanderer neben hausgemachtem Speck einen herrlichen Blick auf Meran genießen.

Archaische und anarchische Köpfe zeichnen den Vinschgau schon immer aus.

entschieden, ausschließlich ökologische Landwirtschaft zu betreiben und damit der Agrarindustrie die Stirn zu bieten. „Das Wunder von Mals" heißt ein beeindruckender Dokumentarfilm, der dem Dorf der Ökorebellen gewidmet ist.

Archaische und anarchische Köpfe zeichnen den Vinschgau schon immer aus, und so ist es kein Wunder, dass auch Reinhold Messner Wahl-Vinschgauer ist. Als der Extrembergsteiger 1983 das ruinöse Schloss Juval kaufte und durch den Vinschgauer Stararchitekten Werner Tscholl restaurieren ließ, hielten ihn viele noch für verrückt. Heute ist das Schloss Teil seiner sechs spektakulären Museumsprojekte, die er an verschiedenen Standorten in Südtirol betreibt.

Neben so manchem Freigeist stammt auch Südtirols bekanntester Freiheitskämpfer Andreas Hofer aus der Region. In seiner Heimat, dem Passeiertal, lodern am Herz-Jesu-Sonntag Anfang Juni ganz besonders viele Feuer, die an die Freiheitsliebe der Südtiroler erinnern. Und so lernt man schnell, dass Vinschgauer auch Meister des Kampfgeists sind. Aufgeben? Niemals!

Von der Kuhstadt zur Kurstadt

Auf der Fahrt in Richtung Meran vollzieht sich alsbald ein regelrechter Klimawandel, denn die Berge der Texelgruppe schützen die Stadt vor den kalten Nordwinden. Zwischen schneebedeckten Gipfeln und Palmen verzaubert der Ort deshalb seit jeher mit mediterranem Flair. Als Hauptstadt von Tirol erlebte Meran bereits im Mittelalter eine große Blütezeit, lag es doch auf dem Krönungsweg, über den die deutschen Kaiser nach Rom zogen. In unmittelbarer Umgebung entstanden zahlreiche Adelssitze, schließlich suchten viele die Nähe zur Macht. Als 1420 die landesfürstliche Residenz von Schloss Tirol nach Innsbruck verlegt wurde, versank Meran jedoch in Bedeutungslosigkeit. In den Lauben lungerten Kühe herum, und Geschichten vom „Kuhstadtl" machten alsbald die Runde.

Merans zweiter Aufschwung begann Mitte des 19. Jahrhunderts, als es in Mode kam, sich für einige Zeit im Süden einzunisten, und Ärzte ihren Patienten zu mehrmonatigen Kuraufenthalten rieten. Mit dem Bau der Eisenbahn über den Brenner war die Reise bald kein anstrengendes Unterfangen mehr. Als dann noch Kaiserin Sisi 1870 bis 1872 die Wintermonate auf Schloss Trauttmansdorff verbrachte, war der Ort schnell geadelt, und im Schlepptau der Donaumonarchie folgten Dichter, Komponisten und Maler. „Ich wollte, ich könnte Ihnen etwas Meran senden, den goldenen Sonnenschein und diese müde duftende Luft",

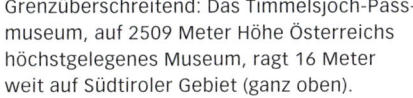

Grenzüberschreitend: Das Timmelsjoch-Pass-
museum, auf 2509 Meter Höhe Österreichs
höchstgelegenes Museum, ragt 16 Meter
weit auf Südtiroler Gebiet (ganz oben).

Seit 2003 beherbergt Schloss Tirol das
Südtiroler Landesmuseum für Kultur- und
Landesgeschichte (oben).

Blick von Dorf Tirol auf Schloss Tirol, einst Residenz der Tiroler Landesfürsten. Berühmt ist
das reich verzierte romanische Marmorportal (1138) der Schlosskapelle (ganz oben).

Flanieren, Shoppen, Einkehren – in Meran mit seinem Mix aus Belle Époque und mediterranem Flair kann man sich's gutgehen lassen. Ganz oben die Passerpromenade mit dem Kurhaus, oben der Genussmarkt „Pur Südtirol" an der Freiheitsstraße und rechts die Laubengasse mit vielen kleinen Ladengeschäften.

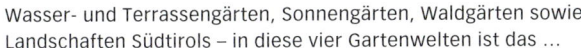

Wasser- und Terrassengärten, Sonnengärten, Waldgärten sowie Landschaften Südtirols – in diese vier Gartenwelten ist das …

… weitläufige Areal von Schloss Trauttmansdorff bei Meran gegliedert. Erst 2001 eröffnet, wurden die Gärten rasch zum Publikumsmagneten.

schrieb Arthur Schnitzlers Muse Olga Waissnix an den Schriftsteller.

Um den noblen Gästen einen exklusiven und erholsamen Aufenthalt zu garantieren, nahm eigens eine Kurpolizei den Dienst auf. Sie sollte für die Einhaltung der Kurverordnung sorgen, die aus heutiger Sicht recht kuriose Anweisungen enthielt. Noch bis zu Beginn des Ersten Weltkriegs waren Promenaden und Parks in erster Linie den Kurgästen und Touristen vorbehalten. In angemessener Kleidung hatten Einheimische zwar Zutritt, mussten jedoch bei hohem Andrang die Sitzbänke den Fremden überlassen. Aus Rücksicht auf Lungenkranke war das Aufwirbeln von Staub durch lange Röcke oder Schleppen verboten.

Doch all der Prunk und Pomp der alten Kurstadt mit ihren schönen Jugendstilvillen und Parkanlagen aus der K.-u.-k.-Zeit versank nach zwei Weltkriegen erneut im Dornröschenschlaf. Pflegte Meran in den Nachkriegsjahren ein recht angestaubtes Image, erlebt die Stadt inzwischen ihren nunmehr dritten Aufschwung, und man spürt den Zeitgeist, der sich aufs Schönste mit den Spuren der Vergangenheit verbindet. Heute hat sich Meran geschickt zum Mittelpunkt der Südtiroler Wellness- und Spa-Szene gemausert und versteht es, seine prächtige Kulisse dafür gekonnt in Szene zu

setzen. Verlockend ist das Flanieren unter den Lauben mit ihren zahllosen Geschäften oder ein Spaziergang entlang der Winter- und Sommerpromenaden.

Zwischen Schneebergen und Palmen
Dabei ist gesundes Wasser bis heute das wertvollste Gut der Kurstadt. Zu einer richtigen Oase verwandelt sich Meran an heißen Sommertagen. Dann können sich Spaziergänger in der Altstadt an etlichen künstlerisch gestalteten Trinkbrunnen bedienen. Die kostenlose Erfrischung stammt aus Quellen im Passeiertal, im Vinschgau und im Naiftal. Aus felsiger Tiefe sprudelt das kristallklare, leicht ra-

Kuranwendungen in der neuen Therme Meran angeboten, wo für den Badespaß 25 Wasserbecken bereitstehen, vom kalten Tauch- bis zum dampfend warmen Whirlpool.

Dass man sich in Meran schon wie im mediterranen Süden fühlt, liegt auch an den vielen Palmen in den Parkanlagen, entlang der Promenaden und in Privatgärten. Wenn man auf der Sisi-Terrasse von Schloss Trauttmansdorff sitzt und wie einst die Kaiserin auf die botanischen Gärten mit all den üppigen Palmen und Blumen blickt, möchte man das Gefühl des Südens am liebsten mit nach Hause nehmen. Im Museumsshop

„Ich wollte, ich könnte Ihnen etwas Meran senden, den goldenen Sonnenschein …"

dioaktive Wasser. In den 1960er-Jahren begann man es in kilometerlangen Leitungen vom Vigiljoch nach Meran zu transportieren, wo es bis heute als Meraner Mineralwasser abgefüllt wird. Aufgrund seiner beruhigenden, schmerzlindernden Wirkung wird das radonhaltige Vigiljocher Wasser seit 1972 auch für

lässt man sich dann gern zum Kauf einiger Palmensamen verführen. „Kälteresistent bis minus zehn Grad", preist die Gärtnerin die Überlebenskünstler an. Sofern sie daheim nicht zu empfindlichen Mimosen mutieren, kann man sich vielleicht schon bald unter Palmen aus so manch grauem Wintertag wegträumen.

WELLNESS

Die Natur macht's!

*In der Volksmedizin wusste man schon immer um die wohltuende Wirkung der Natur.
Deshalb gehen in Südtirol viele Wellnessanwendungen auf traditionelle Hausrezepte
der bäuerlichen Bevölkerung zurück – sei es beim Bad in Schafwolle,
Almheu oder Latschenkiefernadeln.*

Wo könnten Wellnessrituale natürlicher sein als in der freien Natur? Im Park von Taubers Vitalhotel in Kiens ruht man, in Leintücher gewickelt, in herrlich duftenden heißen Latschenkiefernadeln. Sie fallen bei der Herstellung von kostbarem Latschenkieferöl an, das schon seit 1912 gleich nebenan, auf dem Biokräuterhof Bergila, destilliert wird. Das wohltuende Freiluftritual endet mit einem erfrischenden Bad im Naturteich. „In der Volksmedizin wusste man schon immer um die wohltuende Wirkung der Latschenkiefer für Gelenke und Atemwege. Dieses Wissen wollen wir reaktivieren", erklärt Hotelchef Gerd Tauber.

Baden in Almheu

In den abgelegenen Tälern Südtirols war der Weg zum Arzt einst weit und eine Behandlung teuer, also half man sich selbst. So wurde auf der Seiser Alm jahrhundertelang das Heubadln praktiziert. Nach dem kraftraubenden Mähen schliefen die Knechte im aufgeschichteten Heu und erwachten am Morgen voller Energie. Denn das Heu der Hochalmen besteht aus mehr als vierzig Gräser- und Blumenarten, wie Arnika, Frauenmantel, Edelraute, Schafgarbe, Enzian oder Fingerkraut. Schon Ende des 19. Jahrhunderts wurden in Völs am Schlern dann auch für Kurgäste Heubäder angeboten – zunächst nur zur Erfrischung und bis heute zur Linderung rheumatischer Beschwerden.

Kuscheln in Schafwolle

Im Ultental wollte Bäuerin Waltraud Schwienbacher nicht mehr mit ansehen, wie jedes Jahr hundert Tonnen Schafwolle auf dem Müll landeten. Zusammen mit weiteren Almfrauen schuf sie die Wollmanufaktur Bergauf, die unter anderem kuschelige Schafwollvliese für das traditionelle Ultner Schafwollbad liefert, das viele Hotels der Region anbieten. Eingepackt in Wolle entspannt man hier und lässt sich das in der Wolle vorhandene Lanolin in die Haut massieren.

Gletscherstaub und Bienenluft

Der Ideenreichtum der Südtiroler in Sachen Naturwellness scheint grenzenlos. Da betreibt man auf der Schutzhütte Schöne Aussicht nicht nur die höchstgelegene Outdoorsauna Europas, sondern lässt vom Hochjochferner Gletscherstaub und Quellwasser, die seit Jahrtausenden keinerlei Umwelteinflüssen ausgesetzt waren, zur hauseigenen Naturkosmetik verarbeiten. Auf dem Ritten wird im Brotbad des Hotels Tann der Duft von Sauerteig eingeatmet, und in der Bioimkerei des Hotels Rinner kann man süße Luft aus dem Bienenstock inhalieren. In Europas erstem Alchemistenspa auf der Fragsburg entstehen nach überlieferten Rezepten geheimnisvolle Räuchermischungen und Tinkturen. Da verwundert es kaum, dass so viele Gäste hoffen, in der Kraft der Natur einen Jungbrunnen für den eigenen Körper zu finden.

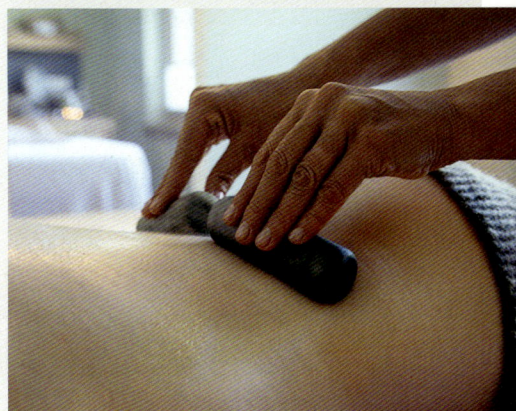

Oben: Ein Fußbad in heißen Latschenkiefernadeln ist nach dem Wandern ideal.

Unten: Eine Massage mit Silberquarzit-Urstein lässt die Energie wieder fließen.

Eine Gletscherstaub-Gesichtsmaske, reich an Mineralien, stimuliert die Haut.

Wellness aus der Natur

Latschenkieferritual: *www.taubers-vitalhotel.com*
Heubäder: *www.hotelheubad.com*
Schafwollbäder: *http://bergauf.it/schafwollbad*
Gletscherstaubwellness: *www.schoeneaussicht.it*
Brotwellness: *www.tann.it*
ApiAir-Wellness: *www.hotel-rinner.it*
Alchemisten-Spa: *http://fragsburg.com/alchemistic-spa*
Silberquarzit-Ritual: *www.cyprianerhof.com*

ESCHENLOHE

★★★★

DER LOGENPLATZ ÜBER MERAN

GLÜCKSMOMENTE

Stilvolle Eleganz, perfekt kombiniert mit traditioneller Gemütlichkeit. Hier finden Sie Ruhe und Entspannung, kulinarische Höhepunkte und charmante Gastgeber, die in jeder Hinsicht fantastische Aussichten und gediegenen Luxus bieten. Familie Peter Götsch freut sich auf Ihren Besuch.

SCHENNA bei Meran - Mitterplattweg 55 - Tel. +39 0473 945724 - info@eschenlohe.it - www.eschenlohe.it

ALPIN

SMART LIFESTYLE

GENUSSMOMENTE

Modernes, alpines Design kombiniert mit traditionellen Elementen. In unserem kleinen, feinen Hotel Alpin erwarten Sie herzliche Gastfreundschaft, familiäre Atmosphäre und kulinarische Hochgenüsse in einzigartiger Panoramalage über dem Meraner Land. Familie Götsch freut sich auf Ihren Besuch.

SCHENNA bei Meran - | Verdinserstr. 36 | T +39 0473 945350 | info@alpin-schenna.com | www.alpin-schenna.com

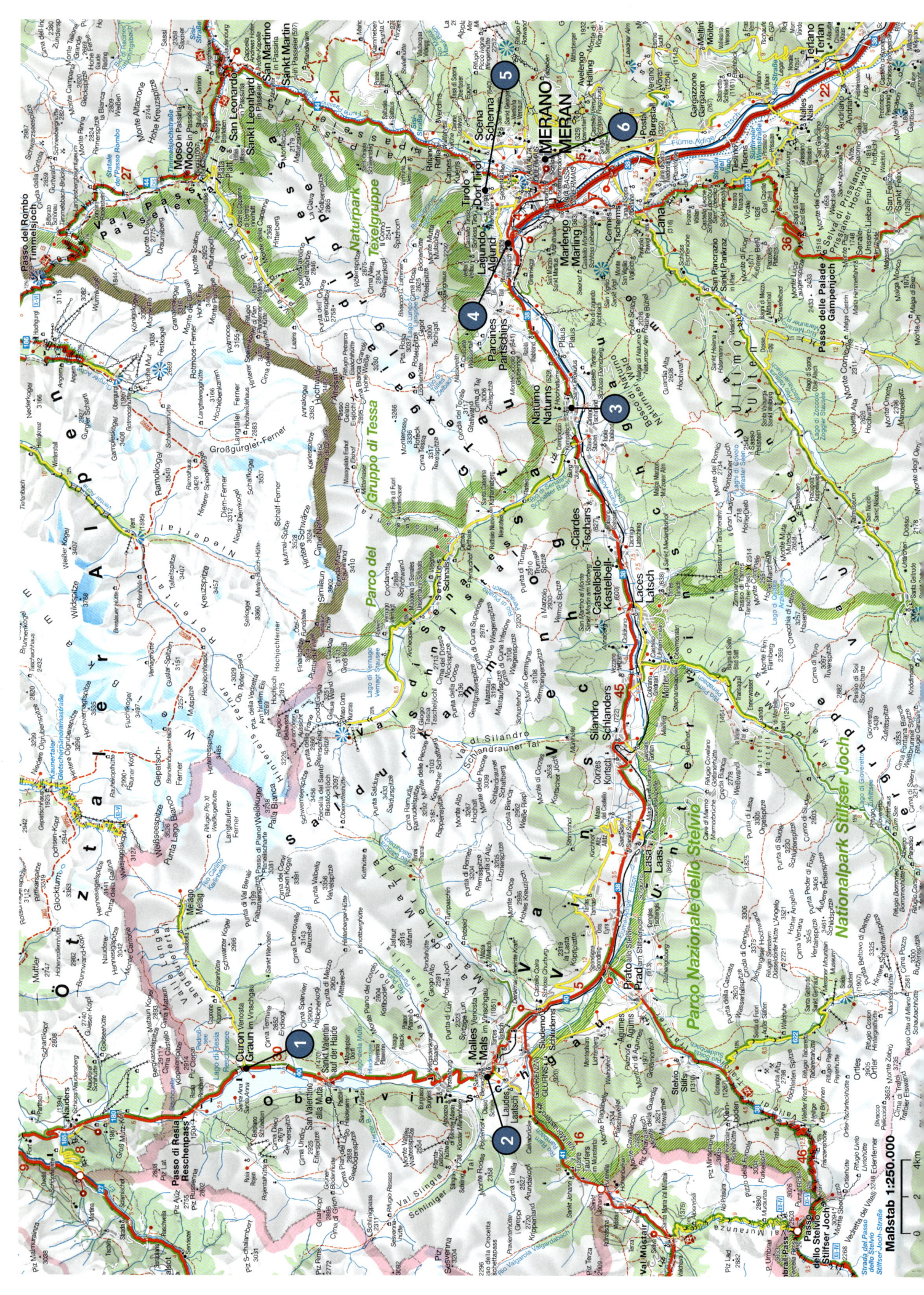

Herber Norden, milder Süden

Mit dem Schiff den Kirchturm im Reschensee umrunden, entlang von Waalen wandernd dem Weg des Wassers folgen oder durchs Kurvenkarussell zum Stilfserjoch hinauffahren – nach so vielen Aktivitäten lässt es sich umso angenehmer in Merans Therme oder in den botanischen Gärten von Trauttmansdorff entspannen.

❶ Graun/Reschensee

Der einsam aus dem See ragende Kirchturm von Graun (2370 Einw.) ist eines der bekanntesten Bildmotive Südtirols. Zur Stromerzeugung wurde der **Reschensee** TOPZIEL von 1948 bis 1950 aufgestaut. Dafür mussten Alt-Graun und ein Teil von Reschen geflutet werden. Nur der Kirchturm aus dem 14. Jh. ragt seither noch aus dem größten See Südtirols (10 km²).

SEHENSWERT
Das **Museum Alt-Graun** im alten Gemeindehaus dokumentiert die Geschichte des Sees und seiner Flutung (www.reschenpass.it; Juli bis Sept. Mi. 17.00–18.00 Uhr).

AKTIVITÄTEN
Im Sommer legt die historische MS Hubertus mit Kapitän Winkler zur 30-minütigen **Seerundfahrt** ab (www.sport-winkler.it; 11.30, 14.00, 15.00, 16.00 Uhr). Rund um den See wurden **Radwege** angelegt. Der Wind im Obervinschgau ist ideal zum **Segeln** und **(Kite-)Surfen**. Im Winter vergnügen sich hier Kiter auf Skiern und **Schlittschuhläufer**.

UNTERKUNFT
Das Jugendstilschlösschen der €€€ **Villa Waldkönigin** (Waldweg 17, St. Valentin, Tel. +39 0473 63 45 59, www.waldkoenigin.com) steht im mutigen Kontrast zum modernen Anbau mit großer Wellnessanlage und Zirbenholzzimmern.

INFORMATION
Tourismusverein Reschenpass,
Hauptstr. 61, I-39027 Graun,
Tel. +39 0473 63 31 01, www.reschenpass.it

❷ Mals

Im Mittelalter konkurrierten Mals (5200 Einw.) und Glurns (900 Einw.) miteinander. Während in Mals die Bischöfe von Chur das Sagen hatten – noch immer gibt es hier vier Kirchtürme und einen Burgturm –, herrschten in Glurns die weltlichen Landesfürsten. Heute pocht das verwaltungspolitische Herz des Obervinschgaus in Mals.

SEHENSWERT
Über Burgeis thront **Kloster Marienberg** (12. Jh.) auf 1340 m wie eine weiße Ritterburg mit farbenfrohen romanischen Fresken in der Krypta der

Laas: Fachschule für Steinbearbeitung; Benny von Spinns Friedensbunker; Mals: Waalweg

Stiftskirche. Die Benediktiner des Klosters betreiben Europas höchstgelegenen Weinberg und ein Klostermuseum (Schlinig 1, www.marienberg.it; Museum: Mitte März– Okt. Mo.–Sa. 10.00 bis 17.00 Uhr, Krypta: Juni–Okt. Mo.–Sa. 17.30 Uhr zum Abendgebet). Südöstl. von Mals befindet sich am Fuß des Tartscher Bühels der architektonisch spektakuläre **Bunker 23** des Künstlers Benny von Spinn.

UMGEBUNG
In **Schluderns** (6 km südl.) thront die Churburg der Grafen von Trapp. Highlights sind der dreistöckige Arkadenhof mit prachtvoll bemaltem Gewölbe und eine üppig ausgestattete Rüstkammer (www.churburg.com; nur mit Führung, Mitte März–Okt. 10.00–12.00, 14.00–16.30 Uhr). Von **Prad** (12 km südl. geht es in 48 Spitzkehren hinauf zum **Stilfserjoch** (2757 m), dem höchsten Gebirgspass Italiens (Mitte/Ende Mai–Anf. Oktober). Der **Nationalpark Stilfserjoch** gehört mit 1350 km² zu den größten Schutzgebieten Europas. 10 km östl. von Prad liegt die Marmorstadt **Laas**. Wegen seiner Wetterbeständigkeit wird Laaser Marmor in aller Welt verbaut, seit 2016 auch in New York am Ground Zero im neuen U-Bahnhof (www.lasamarmo.it; Führungen: Mitte April–Anf. Nov. Mo., Mi., Fr. 13.45, Di., Do. 10.30 Uhr, Treffpunkt: Bahnhof Laas).

EINKAUFEN
Die **Whiskybrennerei Puni** in Glurns (3 km südl.; Am Mühlbach 2, www.puni.com), die einzige Whiskydestille Italiens, wurde von Stararchitekt Werner Tscholl erbaut.

UNTERKUNFT
Der historische Gasthof €€ **Grüner Baum** (Stadtplatz 7, Glurns, Tel. +39 0473 83 12 06, www.gasthofgruenerbaum.it) überrascht innen mit modernem Design. Nebenan haben dieselben Betreiber in einem ehemaligen Stadtpalais ein Boutiquehotel eröffnet (www.belvenu.com).

INFORMATION
Ferienregion Obervinschgau, St.-Benedikt-Str. 1, I-39024 Mals, Tel. +39 0473 83 11 90, www.ferienregion-obervinschgau.it

❸ Naturns/Schnalstal

Bei Naturns (5700 Einw.) zweigt das Schnalstal nach Nordwesten ab und zieht sich 22 km lang bis zu den Ötztaler Alpen. Hier fand 1991 ein deutsches Ehepaar beim Wandern den Ötzi, die mit 5300 Jahren bislang älteste Mumie der Welt.

SEHENSWERT
Auf einem Fresko im **St.-Prokulus-Kirchlein** (um 630) sind ein fröhlich schaukelnder Bischof und grinsende Kühe zu sehen (April–Okt. Di. bis So. 9.30–12.00, 14.00–17.00 Uhr). **Schloss Juval** (1278) am Eingang zum Schnalstal ist Sommerwohnsitz von Reinhold Messner. Im Museum kann man Tibetika und Zeugnisse aus Messners Bergsteigerleben besichtigen (Kastelbell, www.messner-mountain-museum.it; nur mit Führung, April–Juni, Sept./Okt. Do.–Di. 10.00–16.00 Uhr).

RESTAURANTS
Im €€€€ **Kuppelrain** (Bahnhofstr. 16, Kastelbell, Tel. +39 0473 62 41 03, www.kuppelrain.com; So., Mo. geschl.) von Sternekoch Jörg Trafoier ist die ganze Familie im Einsatz. Die Speisen sind ein verführerischer Tanz durch die Jahreszeiten. Im € **Finailhof** (Vernagt am See 9, Schnalstal, Tel. +39 0473 66 96 44, www.finailhof.com), einst höchstgelegener Kornhof Europas, wird regionale Bauernküche serviert.

INFORMATION
Tourismusverein Naturns, Rathausstr. 1, I-39025 Naturns, Tel. +39 0473 66 60 77, www.naturns.it

❹ Algund

Den Ferienort Algund (5040 Einw.) zeichnen viele kleine Pensionen oder Ansitze aus, die oft ma-

Tipp

Wandern am Abgrund

Lange Zeit war die in Jahrtausenden von Eis und Schnee der Marteller Gletscher geformte **Plimaschlucht** kaum zugänglich. Seit 2017 bringen drei avantgardistische Bauwerke der Südtiroler Architektin Heike Pohl die Wanderer ganz nah ans tosende Wasser. Über kunstvoll gefertigte Stahlkonstruktionen gewinnt man ungeahnte Einblicke in das Bergwasser-Schauspiel.

Länge des Rundwanderwegs: 5 km, Gehzeit: 1,5 Std.; www.vinschgau.net

---

lerisch in den Weinbergen liegen und reizvolle Ausblicke auf Meran und das Etschtal bieten.

AKTIVITÄTEN
Bewässerungskanäle, die sogenannten Waale, brachten im Vinschgau einst kostenlos Wasser vom Gletscher auf die Felder der Bauern. Heute verläuft hier ein weit verzweigtes Netz von **Waalwanderwegen**.

RESTAURANT
Der Buschenschank des € **Schnalshuberhofs** (Oberplars 2, Tel. +39 0473 44 73 24; Do.–So. ab 18.00 Uhr) ist zum Törggelen sehr beliebt. In der denkmalgeschützten Stube kleben Zeitungen aus dem 19. Jh. an der Wand, einst als Isolierung gedacht, heute interessanter Lesestoff.

UNTERKUNFT
Das von der Winzerfamilie Theiner geführte Boutiquehotel €€ **Schloss Plars** (Mitterplars 25, Tel. +39 0473 44 84 72, www.schlossplars.com) ist ein historischer Ansitz mit Turm und Zinnen.

INFORMATION
Tourismusbüro Algund, Hans-Gamper-Platz 3, I-39022 Algund, Tel. +39 0473 44 86 00, www.algund.com

❺ Dorf Tirol

Als Sonnenterrasse über Meran ist Dorf Tirol (2450 Einw.) eine Hochburg des Tourismus. Kein Wunder bei dem herrlichen Panorama mit der Texelgruppe im Vordergrund. Der Ort wird von Schloss Tirol überragt. Wanderer zieht es noch höher hinauf, zu den abgelegenen Spronser Seen, einer hochalpinen Seenplatte auf 2500 m.

SEHENSWERT
Die Landesgeschichte ist stark von **Schloss Tirol** (um 1140) geprägt. Es war Stammburg der mächtigen Grafen von Tirol, die damals mit anderen Adelsgeschlechtern um die Macht kämpften (nur über 1 km Fußweg erreichbar, www.schlosstirol.it; Mitte März–Nov. Di.–So. 10.00–17.00 Uhr, Aug. bis 18.00 Uhr, Führungen Di. bis Sa. 10.15 und 14.00 Uhr).

UMGEBUNG
Etwa 45 km nordwestl. geht es ins Kurvenkarussell des **Timmelsjochs**. Es verbindet das Passeiertal mit dem österreichischen Ötztal.

Schloss Tirol: Flugvorführung; Gompm Alm, Schenna: Konzert von Herbert Pixner; Timmelsjoch: Aussichtsplattform Granat

Sehenswert ist das Passmuseum mit seinen fünf rätselhaften Gebäudeskulpturen (www.timmelsjoch.com; Mai–Okt., Eintritt frei). Im **Passeiertal** liegt auch die Heimat des Freiheitskämpfers Andreas Hofer.

INFORMATION
Tourismusverein Dorf Tirol, Hauptstr. 31, I-39010 Dorf Tirol, Tel. +39 0473 92 33 14, www.dorf-tirol.it

❻ Meran

Aus einer Militärstation der Römer entstand die 857 erstmals erwähnte Siedlung Mairania. Im Mittelalter Hauptstadt von Tirol, erlebte Meran (40 000 Einw.) Anfang des 19. Jh. seinen Aufschwung als Kurstadt, die mit 300 Sonnentagen im Jahr und mediterranem Flair verzaubert.

SEHENSWERT
Die **Altstadt** TOPZIEL entfaltet ihren Mittelaltercharme in der **Laubengasse** (Mitte 13. Jh.), die Korn- und Pfarrplatz verbindet. Die überdachte Flaniermeile lädt zu jeder Jahreszeit zum Shoppen ein. Auch der **Brunnenweg** führt direkt durch die Altstadt, wo 12 künstlerisch gestaltete Trinkwasserbrunnen (69 in der ganzen Stadt) im Sommer für kostenlose Erfrischung sorgen. Die **Kurpromenade** (1800) ist die bekannteste und traditionsreichste Promenade Merans, die auch am **Kurhaus** (Westflügel, 1874) vorbeiführt, einem der schönsten Jugendstilbauten der Alpen (Freiheitsstr. 33, www.kurhaus.it; Mo. bis Do. 8.30–12.00, 15.00–17.00 Uhr, Fr. nur vorm.).

WELLNESS
Das minimalistische Innendesign der **Therme Meran** entwarf 2005 der in Bozen geborene Stararchitekt Matteo Thun. 25 Innen- und Außenbecken, gespeist von radonhaltigen Quellen,

bieten Badespaß und Linderung bei Gelenk- und Atemwegsbeschwerden (Thermenplatz 9, www.thermemeran.it; tgl. 9.00–22.00 Uhr).

VERANSTALTUNGEN

Die **Meraner Musikwochen** (Ende Aug. bis Ende Sept., www.meranofestival.com) bieten klassische Musik im Kurhaus. Als ältestes Erntedankfest Südtirols wird seit 1886 das **Meraner Traubenfest** gefeiert (3. Okt.-Wochenende). Produzenten italienischer Weine treffen sich zum **Meraner Weinfestival** u. a. im Kurhaus (Anf. Nov., www.meranowinefestival.com). Chromblitzende Oldtimer drehen bei der internationalen **Südtirol Classic Rallye** (2. Juli-Woche, www.suedtirolclassic.com) genüsslich ihre Runden auf den Passstraßen bis in die Dolomiten. Start und Ziel ist der Dorfkern von Schenna (www.schenna.com).

EINKAUFEN

Der Genussmarkt **Pur Südtirol** (Freiheitsstr. 35, www.pursuedtirol.com) bietet ca. 2000 kulinarische Produkte aus heimischer Produktion. Auch ein Bistro und eine Weinbar gibt es.

UNTERKUNFT/RESTAURANT

Das ehemalige Jagdschlösschen €€€€ **Castel Fragsburg** (Fragsburg 3, Meran, Tel. +39 0473 24 40 71, www.fragsburg.com) wirkt wie aus einem Märchen in die Berge über Meran versetzt: außen von Efeu umrankt, mit Pool im Rosengarten, Naturwellness im Alchemisten-Spa und Gourmetküche mit Michelin-Stern.

UMGEBUNG

Die Gärten von **Schloss Trauttmansdorff** (1347) sind auf dem „Sisi-Weg" vom Zentrum Merans in ca. 1 Std. zu Fuß zu erreichen. Auf 12 ha werden 80 exotische und heimische Gartenlandschaften gezeigt. Das Schloss beherbergt u. a. die ehem. Wohnräume von Kaiserin Sisi sowie das **Touriseum**, eine Dokumentation zu 200 Jahren Südtiroler Tourismusgeschichte (St.-Valentin-Str. 51 a, www.trauttmansdorff.it; April– Okt. 9.00–19.00, 1.–15. Nov. bis 17.00 Uhr). Auf **Schloss Schenna** (6 km nordöstl.) lebte und starb Erzherzog Johann, der Lieblingshabsburger aller Tiroler. Heute werden hier Tiroler Geschichte, Lebensart und Kunst dokumentiert (www.schloss-schenna.com; nur mit Führung: April–Okt. Di.–Fr. 10.30, 11.30, 14.00, 15.00, Mo. 21.00 Uhr). Von **Lana** (10 km südwestl.) erreicht man in 20 Min. mit der Seilbahn das **Vigiljoch** (1743 m), wo Matteo Thun bereits 2003 mit dem €€€€ **Vigilius Mountain Resort** (Tel. +39 0473 55 66 00, www.vigilius.it) den Sprung von der traditionellen Holzbauweise zur Moderne wagte. Die Pferderasse der Haflinger wurde nach dem Ort **Hafling** (11 km südöstl.) benannt. Zwischen Hafling und Vöran kann man großes Naturkino erleben, und das völlig gratis: in den 30 Freiluftsesseln des **Knottnkinos** (Knottn = Felsen) auf dem Rotsteinkogel.

INFORMATION

Kurverwaltung Meran, Freiheitsstr. 45, I-39012 Meran, Tel. +39 0473 27 20 00, www.merano-suedtirol.it/de

Genießen   Erleben   Erfahren

DuMont
Aktiv

Yakauftrieb mit Reinhold Messner

„Halten Sie Abstand, wenn Sie am Leben bleiben wollen", mahnt Reinhold Messner neugierige Urlauber. Mit den großen, zotteligen Yaks ist nicht zu spaßen, wenn Kälbchen in der Herde sind. Jedes Jahr Ende Juni begleiten Einheimische und Gäste den Alpinisten beim Almauftrieb seiner Yakherde, von Sulden hinauf zur Sommerweide.

Bei schönem Wetter wandern mehr als hundert Touristen mit, und die Helfer wissen oft nicht, wen sie aufmerksamer im Zaum halten müssen – die Tiere oder die fotografierenden Leute. Doch heute gießt es in Strömen. Reinhold Messner stört das nicht, schließlich war der inzwischen über Siebzigjährige einst Extrembergsteiger. Und so zieht die durchnässte Karawane gemächlich bis zur Schaubachhütte auf 2581 Metern. Ab hier gehen die exotischen Rinder allein weiter zur Madritsch-Alm am Fuß der Königspitze, auf über 2800 Metern, während Messner sich in der trockenen Hütte für seine Fans Zeit nimmt zur Autogrammstunde und auch erzählt, wie er zu den Yaks kam. In der ehemaligen DDR hatte man versucht, die robusten Hochlandrinder aus dem Himalaya, die bis zu minus vierzig Grad vertragen, mit heimischen Tieren zu kreuzen. Als das erfolglose Unterfangen 1985 abgeblasen wurde, kaufte Messner zwanzig der Tiere und brachte sie nach Sulden.

Einen Almabtrieb im Herbst – Gegenstück zum Almauftrieb – gibt es übrigens nicht. „Die Tiere haben ein gutes Gespür für den ersten Schnee", erklärt Messner. Bevor der Winter Einzug hält, kehren sie von allein ins Dorf zurück. Sobald die Suldener die ersten Yaks kommen sehen, wissen sie: Nun ist es höchste Zeit, die Geranientöpfe ins Haus zu holen.

Termin: variiert von Jahr zu Jahr; www.messner-mountain-museum.it

Treffpunkt: Talstation der Seilbahn Sulden

Gehzeit: ca. 45 Min. bis zur Schaubachhütte

Anmeldung: nicht erforderlich, die Teilnahme ist kostenlos.

Im Reich der Zackenberge

Die Dolomiten sind eine Gebirgslandschaft von so einzigartiger Schönheit, dass sie als UNESCO-Weltnaturerbe geschützt sind. Manch einer vermutet ein verwunschenes Märchenland hinter den geheimnisvollen Bergmassiven. Schließlich verzaubert das magische Alpenglühen des Rosengartens in der Heimat der Ladiner jeden Betrachter.

300 Sonnentage im Jahr, grandiose Ausblicke auf Dolomitengipfel wie Lang- und Plattkofel, dazu eine breite Palette an Sportangeboten – all das macht die Seiser Alm zum Ferienparadies.

Ein Wahrzeichen Südtirols: Der Schlern mit der vorgelagerten Euringer- und Santnerspitze überragt als unverwechselbare Kulisse die Seiser Alm.

Logenplatz: Auf der Terrasse der Adler Mountain Lodge auf der Seiser Alm kann man sich satt essen, aber sicherlich nicht sattsehen.

> „Die Dolomiten sind die schönsten Bauwerke der Welt."
>
> Le Corbusier

Ein Pferdeschlitten saust in einer Vollmondnacht durch die Gebirgslandschaft, als sich plötzlich zwei Zähne in den Hals des Vampirjägers graben … Die Rede ist von Roman Polanskis Kultfilm „Tanz der Vampire". Als wunderschöne Bergkulisse sind darin jedoch nicht etwa die Südkarpaten zu sehen, wo der Film eigentlich angesiedelt ist, sondern die Seiser Alm vor dem Hintergrund der Langkofelgruppe mit dem Plattkofel. Gedreht wurde die mystische Bergszene 1967 rund um das ehemalige Hotel Mezdì, wo mittlerweile die Chalets der Adler Mountain Lodge eine würdige Nachfolge angetreten haben.

Pferdekutschen sind hier bis heute zahlreich anzutreffen, schließlich hält man die größte Hochalm Europas weitgehend autofrei. Die einzigartige Schönheit des 56 Quadratkilometer großen, bis zu 2518 Meter hoch gelegenen Tals machte die Seiser Alm weltberühmt – nicht nur bei Graf-Dracula-Fans. Vor den Dolomitengipfeln des Schlern, der Rosengarten- und der Langkofelgruppe wirkt die reizvolle Landschaft so irreal, als würde man durch das Postkartenmotiv einer Fototapete spazieren. Ein breites Massiv aus über 3200 Meter hohen Zackenbergen steigt vor saftigen Almwiesen auf, aus deren sanften Hügeln kleine Holzhütten lugen. Ein paar Bauern stellen Heumännchen zum Trocknen auf, während die nächste Pferdekutsche neue Gäste zu ihrer Unterkunft bringt. Die Welt hier oben wirkt wie aus der Zeit gefallen, ist doch die Seiser Alm ein Naturjuwel, wie man es nur noch selten findet. Damit das so bleibt, ist die Zufahrt in das Landschaftsschutzgebiet streng geregelt und der private Autoverkehr tagsüber untersagt.

Im Kurvenkarussell

Viele Dolomitentäler waren lange Zeit nur schwer erreichbar. Als sich die ersten Abenteurer in höchste Bergregionen vorwagten, begeisterten sie mit ihren Berichten auch viele Städter. Ein dichtes Netz an Wegen und Schutzhütten entstand in der Folge – die Berge wurden zum Erlebnisraum. Ab Mitte des 19. Jahrhunderts war es möglich, die engen Täler und Schluchten durch richtige Passstraßen und Brücken befahrbar zu machen. Heute sind von der 110 Kilometer langen Großen Dolomitenstraße aus nahezu alle wichtigen Gipfel zu bewundern, wobei es allein in der Dolomitenregion mehr als hundert Haupt- und Nebengipfel von über 3000 Meter Höhe gibt. Auch wenn die meisten Passstraßen für heutige Bremsen und Motoren keine unwägbaren Herausforderungen mehr sein mögen, ist durchaus

Den Talschluss des Grödnertals nimmt Wolkenstein ein: 8000 Gästebetten auf 2600 Einwohner – kein Wunder bei der Lage.

Fahrkönnen gefragt, denn im Kurvenkarussell der Serpentinen geht es ständig rauf und runter: Sellajoch, Pordoijoch, Campolongo-Pass, Grödnerjoch … „Wie unterscheiden sich italienische von deutschen Motorradfahrern?", fragt ein italienischer Biker seinen deutschen Freund bei einem Pausenstopp. „Na, ihr Deutschen bremst halt vor jeder Kurve. Deshalb fahr jetzt ich mal vorneweg", gibt er die Antwort gleich selbst und setzt seine Helmkamera auf, um das bevorstehende Fahrvergnügen im Film festzuhalten. Schließlich wartet hinter jeder Kehre ein neuer spektakulärer Ausblick.

Selbst dem wortgewaltigen Dichterfürsten Johann Wolfgang von Goethe hat es beim Anblick der Dolomiten fast die Sprache verschlagen, und so notierte er 1786 lapidar: „Ungewöhnliche Farbe der Berge, schöne, einzigartige, schroffe Formen." Das besondere Spannungsverhältnis zwischen Almwiesen, Bergwäldern oder Bauernhöfen und den steilen Zackenbergwänden, die darüber abrupt in den Himmel aufragen, ist in dieser Form nirgends sonst zu finden. Schon der Architekt Le Corbusier bewunderte die Dolomiten als „die schönsten Bauwerke der Welt". Dabei hat allein die Natur diese Berge erbaut, und das schon vor 250 Millionen Jahren. Seinerzeit stiegen mit dem Absinken des Tethysmeers

Der Lauschangriff

Auf dem Holzweg zu sein, hat einen denkbar schlechten Ruf, dabei führt er im Latemarwald direkt in den Himmel voller Geigen.
Instrumentenbauer aus der ganzen Welt pilgern in die Gegend im Eggental, um sich eine perfekte Klangfichte für eine neue Geige oder ein neues Cello auszusuchen. Und weil jeder Baum anders klingt, klopfen sie dabei mit der umgedrehten Axt gegen die Fichte, um dann an ihrem Stamm zu lauschen, wie der Ton nach oben schwingt und das Echo wieder zurückkommt. Für astfreies Holz einer Haselfichte zahlen Kunden heute bis zu 3000 Euro pro Kubikmeter. Durch besondere Böden und kurze Wachstumsperioden hier im kühlen Klima auf bis zu 2500 Meter Höhe besitzen die teils an die 200 Jahre alten Fichten neben einem fast kerzengeraden Wuchs ein ebenmäßiges Holz mit extrem schmalen Wachstumsringen. Ihren hervorragenden Ruf haben die

Bernd Pardeller vom Landessägewerk Latemar weiß, welche Fichten gut klingen.

klingenden Hölzer schon seit der Zeit von Antonio Stradivari, der das Holz für seine weltberühmten Instrumente ganz in der Nähe, im „Wald der Geigen" im Paneveggio-Gebiet, ausgesucht hat. Welche Klangfichte jedoch einmal einen Starauftritt als Weltklassegeige haben wird, kann im Voraus niemand mit Gewissheit sagen.

Imposanter Dolomiten-
riese: Der Langkofel
ist auch für erfahrene
Kletterer eine Heraus-
forderung.

Für Normalwanderer gut erreichbar ist die
Pieralongia-Hütte am Cisles-Höhenweg.

Unten im Tal kann man den Künstler Adolf Vallazza in seinem Atelier in St. Ulrich besuchen,
den Altmeister der Grödner Holzbildhauer.

Etwas abseits des Dolomiti-Superski-Gebiets liegt auf 2250 Meter Höhe die Troier Hütte auf der Seceda-Alm. Traumpanorama und dazu Deftiges wie „Zweierlei Knödel" auf dem Teller – oder vielmehr im Pfännchen –, was will das Wintersportlerherz mehr?

Grandioser Blick auf die Sellagruppe auch aus dem Sessellift Città dei Sassi und bei der Abfahrt vom Sellajoch

Es muss nicht immer Gulaschsuppe sein …

Auf der Emilio-Comici-Hütte, am Fuß des Langkofels, gibt es auch erlesene Meeresfrüchte und dazu erstklassige Weine – in 2200 Meter Höhe!

Der Cisles-Höhenweg ist eine familientaugliche Rundwanderung am Fuß der Geislerspitzen.
Ausgangspunkt ist die Bergstation der Col-Raiser-Kabinenbahn in Wolkenstein.
Links: Auch Mountainbiker kommen im Bereich der Cisles-Alm auf ihre Kosten.

Im Herbst sind im Grödnertal nicht nur die Lärchen golden gefärbt. Man hat auch beste Sicht auf Langkofel & Co., wie hier auf der Juac-Alm oberhalb von Wolkenstein.

massive Felswände aus Muschelkalk und Korallenriffen aus den Meerestiefen empor. Von Wind und Wetter wurden sie mit der Zeit zu zackigen Gebilden geformt, und weil sie so völlig anders waren als die Berge ringsum, nannte man sie bald „bleiche Berge". Dass der Grund für die fahle Farbe im magnesiumhaltigen Kalkstein lag, erkannte 1788 der Geologe Déodat de Dolomieu, nach dem die Dolomiten heute benannt sind.

Im Leben der Einheimischen spielt das Gebirgsmassiv schon seit Jahrhunderten eine große Rolle. Die mehr als vierzig verschiedenen Gräser- und Blumenarten, die ungedüngt auf dem Dolomitgestein der Hochalmen wachsen und nur einmal im Jahr geschnitten werden, finden in der alpinen Hausapotheke, bei Wellnessanwendungen und in der Küche hinreichend Verwendung. Gegen jedes Wehwehchen scheint hier ein Kraut gewachsen zu sein, und Köche wie Norbert Niederkofler haben die Region mittlerweile in den Michelin-Sternehimmel befördert.

Herr der Throne

Wenn in den langen Wintermonaten die Feldarbeit ruhte, gab das Schnitzen den Menschen in den abgelegenen Bergregionen Arbeit. Besonders das Grödnertal im Herzen der Dolomiten entwickelte sich

schon früh zum Holzschnitzzentrum. Im Sommer gingen Buckelkrämer mit Körben voller handgeschnitzter Haushaltswaren und Holzspielzeug in den Tälern hausieren und sorgten so für bescheidenen Wohlstand. Besonders das Schnitzen von Heiligen- und Krippenfiguren erweist sich bis heute als lukrativ, die Auslagen der Geschäfte in St. Ulrich, St. Christina oder Wolkenstein sind voll davon. Daneben haben auch immer mehr zeitgenössische Holzkünstler hier ihre Ateliers, wie etwa der 1972 geborene

ter Skulpturen, die an Menschen, Tiere und Fabelwesen erinnern. Riesige Totems oder archaische Stühle, sogenannte Throne, für die Vallazza weltbekannt ist, sind häufig durchsetzt mit Puzzles ineinandergefügter Holzteile.

„Hier steht mein ganzes Leben", sagt der bescheidene alte Herr von inzwischen 94 Jahren. Als Grödner hat auch Adolf Vallazza in jungen Jahren als Herrgottschnitzer begonnen, aber irgendwann erkannt, welch großartige Skulpturen Künstler wie Picasso oder

Im Leben der Einheimischen spielt das Gebirgsmassiv von jeher eine große Rolle.

Aron Demetz, der seine Skulpturen gern kontrolliert abbrennt und zerfranst, oder Walter Moroder, Jahrgang 1963, dessen Werke von lebensgroßen Holzfiguren auf Sulawesi inspiriert sind.

Wer jedoch die tiefere Bedeutung des Südtiroler Holzes begreifen will, muss den Altmeister Adolf Vallazza in seinem Atelier in St. Ulrich besuchen. Es reicht über drei Stockwerke und ist ein wildes Wunderland voller märchenhaf-

Braque dem Holz entlocken konnten. Er begann Figürliches zu abstrahieren, bis ein Schlüsselerlebnis seinen Weg vom Kunsthandwerker zum Künstler besiegelte. „Als ich sah, wie jahrhundertealtes Holz zu Brennholz gemacht werden sollte, empfand ich große Wehmut darüber. Was hatte dieses Holz nicht alles erlebt und welche Geschichten waren darin gespeichert", erklärt Vallazza. Die Bauern hatten mit ihren Nagelschuhen sichtbare Furchen hinterlassen und die Witterung manches Holz gegerbt und ausgebleicht. Die Arbeit mit alten Hölzern aus aufgegebenen Bauernhöfen oder Heustadeln ist heute Vallazzas Markenzeichen.

Magisches Alpenglühen

Obwohl die Region touristisch bestens erschlossen ist, hat sich hier bis heute die jahrhundertealte Kultur der Ladiner erhalten. In fünf Tälern, die sternförmig vom Sellastock ausgehen, ist diese kleine, nur rund 30 000 Menschen zählende Bevölkerungsgruppe zu Hause – was unter anderem daran zu erkennen ist, dass die Ortsschilder hier dreisprachig sind. Versteckt hinter imposanten Bergwänden, scheint dieses Gebiet mit seiner eigenen Sprache und Kultur ein Märchenreich aus längst vergangener Zeit zu sein, wo die Magie der Natur atemberaubende Landschaften mit Hexen, Elfen und Feen hervorgebracht hat.

Von den Ladinern stammt auch die Legende um den Zwergenkönig Laurin, der einst aus Wut darüber, dass seine

> „Schaffen und Streben ist Gottes Gebot.
> Arbeit ist Leben,
> Nichtstun der Tod."
>
> An einer Hauswand in Kastelruth

prachtvollen Rosen seinen Verfolgern sein Versteck verraten hatten, den Garten verwünschte, sodass er bei Tag und bei Nacht unsichtbar wurde. Nur die Dämmerung vergaß Laurin. Wenn heute die ersten oder letzten Sonnenstrahlen des Tages den Rosengarten rötlich bescheinen, wird er deshalb sichtbar, so heißt es. Das Zwielicht verleiht den Felsen ein magisches Leuchten, das von Rosa über Orange und Rot bis Lila reicht. „Geh nun, Sonnenstrahl", heißt es in einem Lied der Ladiner. In ihrer Sprache klingt selbst das wie Zauberei: *Rai de sorëdl va!*

Bei der Kastelruther Bauernhochzeit wird alle zwei Jahre im Januar eine traditionelle Hochzeit nachgestellt. Dabei fährt die „Hochzeitsgesellschaft" in historischen Trachten mit Pferdeschlitten von St. Valentin durch den Schnee nach Kastelruth. Auf der Treppe des Turms der Pfarrkirche stellt sich die Gesellschaft zum Gruppenbild auf. Die Gastwirte servieren typische Hochzeitsspeisen wie Teigfleckerl mit Wildragout. Es wird gefeiert und getanzt.

Der Santnerpass-Klettersteig im Rosengarten, der Dolomitenklassiker
schlechthin, ist nach dem Tiroler Bergsteiger Johann Santner benannt.
Der 1840 in St. Jakob in Defereggen geborene Alpinist bestieg 1880 allein
und ohne technische Hilfsmittel als Erster den Großen Schlernzacken,
der seither Santnerspitze heißt. Der Klettersteig zum Santnerpass ist nur
im obersten Abschnitt mit Drahtseilen gesichert. Die meisten Passagen
werden frei geklettert.

KULINARIK

Die Genusshandwerker

*Sternerestaurants zeichnen Südtirol genauso aus wie urige, einfache Almhütten.
Ob man eine rustikale Jause oder ein Designerkunstwerk mit mediterranen Anklängen
serviert bekommt – Regionalität ist immer das oberste Gebot.*

Gourmetkoch Franz Mulser vor der Gostner Schwaige auf
der Seiser Alm, im Hintergrund die Silhouette des Schlern

Der Weg in den kulinarischen Himmel ist steinig und steil. Nach einer Bergwanderung weiß mancher Gast besonders zu schätzen, was auf seinem Teller landet. Vielleicht ist Franz Mulsers Almhütte auf der Seiser Alm deshalb nur zu Fuß zu erreichen. Der Weg lohnt sich, denn die Gostner Schwaige bietet Bergküche de luxe. Seit er den Gästen Salate mit 35 Almblüten oder Heublumensuppe mit 25 Bergkräutern serviert, gilt Mulser als Blumenflüsterer. Kein Wunder, dass viele die Blütenpracht erst einmal im Bild festhalten, ehe sie sich ans Schlemmen machen.

Der schönste Ort der Welt

Mit Karohemd, blauem Schurz und Tirolerhut sieht der junge Koch aus wie ein Bauernbub aus dem Bilderbuch. Dass er bei Sterneköchen wie Harald Wohlfahrt oder Hans Haas gelernt hat, kann man sich nicht recht vorstellen. Mulser ist keiner, der viel redet. Dass Michelin-Sterne nicht zur Gostner Schwaige passen, sagt er aber doch. Eine Miniküche von drei Quadratmetern und eine Stube mit Platz für gerade mal 25 Personen – für ihn

ist es der schönste Ort der Welt. Hierher wollte er zurück, schon weil fast alle Zutaten für seine Gerichte vom eigenen Hof kommen. Frisch, regional und von glücklichen Tieren, das ist ihm wichtig. Wenn sich bisweilen ein Gast über den Fleischgeschmack wundert, erklärt der Gourmetkoch gern, dass Fleisch vom Milchkalb eben süßlich schmeckt oder Fleisch von frei laufenden Rindern reinste Muskelmasse ist. „Viele Gäste sind das nicht mehr gewohnt, wenn sie zu Hause zu Fertigprodukten greifen."

Am Gipfel des Genusses

Mit 26 Michelin-Sternen, verteilt auf 19 Restaurants, verfügt Südtirol unter allen Provinzen Italiens über die meisten Sterneköche. Das Gadertal

kann seit Ende 2017 den ersten Drei-Sterne-Koch vorweisen. Norbert Niederkofler vom St. Hubertus im Hotel Rosa Alpina gilt schon lange als der Ausnahmekoch des Landes. Auch er ist – nach Lehrzeiten bei den Größen der Kulinarikwelt in New York, London, Zürich – letztendlich zurückgekehrt in seine Heimat, verwandelte die einstige Pizzeria im Rosa Alpina in eine Gourmetstube und stellte dann komplett auf regionale Küche um. Ein riskantes Wagnis, denn woher sollen vor allem im Winter all die frischen Aromen kommen?

„Tomate?" heißt zum Beispiel ein Gang des Wintermenüs – Tomate mit Fragezeichen. Ein Spiel sei das, erklärt der Spitzenkoch, denn es handelt sich um Zwetschgen, die durch

Heublütensuppe im
hausgebackenen Brot-
töpfchen von „Blumen-
Busterer" Franz Mulser

Sechs Küchenkünstler, stellvertretend für viele: Reimund Brunner, Norbert Niederkofler, Egon Heiss, Luis Haller, Jörg Trafoier, Heinrich Schneider

Fermentation aussehen wie Tomaten und beim ersten Eindruck auch so schmecken. Der verblüffte Gast erfährt, dass der Koch mit den lokalen Bauern abgemacht hat, die Produkte, an deren Qualität gemeinsam gearbeitet wurde, auch zur Gänze abzunehmen. So besinnt sich Niederkofler auf altbewährte Methoden, Dinge haltbar zu machen. Da wird fermentiert, eingelegt und getrocknet oder manches Gemüse einfach im Boden gelassen, bis es im Winter gebraucht wird.

Südtiroler Gourmetadressen

. . . .

Franz Mulser, Gostner Schwaige: *www.gostnerschwaige.com*
Norbert Niederkofler, St. Hubertus: *www.rosalpina.it*
Jörg Trafoier, Kuppelrain: *www.kuppelrain.com*
Reimund Brunner, Anna-Stuben: *www.gardena.it*
Egon Heiss, Alpes: *www.bad-schoergau.com*
Luis Haller, Luisl-Stube: *www.schlosswirt-forst.it*
Heinrich Schneider, Terra: *https://terra.place*
Genuss-Skifahren Alta Badia: *www.altabadia.org*
Club Moritzino: *www.moritzino.it*

Sterne vor der Hütt'n

Gulaschsuppe oder Schnitzel mit Pommes auf der Skihütte? In Alta Badia reicht das nicht. Unter dem Motto „Skifahren mit Genuss" bieten Berghütten in der Wintersaison hier zusätzlich zur normalen Speisekarte jeweils ein Gericht von einem Sternekoch an. Mancher Einkehrschwung zielt gleich aufs Moritzino, Italiens berühmteste Schickeriahütte, die auf dem Piz La Ila optimal in den Skizirkus der Sellaronda eingebunden ist. In der rustikalen Hütte, die vor über fünfzig Jahren mal eine Würstelbude war, gibt es Krustentiere aller Art. Auf 2100 Meter Höhe! Auch wenn hier bisweilen damit kokettiert wird, die Dolomiten seien ja versteinerte Korallenriffe, geht die Sache mit den Meeresfrüchten eigentlich auf eine Showeinlage von Gunter Sachs zurück. Als der in den 1970ern hier oben Fisch essen wollte, musste das Gewünschte erst mit dem Hubschrauber aus Venedig eingeflogen werden.

Noch kurioser wird es allenfalls, wenn man überlegt, was es bei einem Sternekoch wohl zu klauen gibt. Fleisch, Nudelteig und gute Weine, wird Jörg Trafoier vom Gourmetrestaurant Kuppelrain im Vinschgau antworten. Dessen kulinarische Kreationen übten auf einige Langfinger einen so unwiderstehlichen Reiz aus, dass sie die teuren Holzthrone von Adolf Vallazza glatt stehen ließen.

Milch von glücklichen Kühen

In Südtirol kann der Tag aber auch ohne Sterneküche herrlich beginnen, wenn man beispielsweise Urlaub auf einem Bauernhof macht: mit frischer Heumilch, cremigem Joghurt, Eiern von Freilandhühnern, knusprigen Vinschgerlen oder Schüttelbrot. Dass manche ihrer Gäste zu Hause von Gluten- oder Laktoseintoleranz geplagt werden, wundert die Bäuerin nicht: „Entrahmt, ultrahocherhitzt und im Tetrapack abgefüllt – das ist doch keine Milch mehr." Bei ihrer frischen Bauernmilch, die geschmacklich nicht verleugnen will, dass sie von der Kuh stammt, merkt so mancher Städter wie ihm sein natürliches Geschmacksempfinden über die Jahre abhanden gekommen ist.

Romantik Hotel Turm - Urlaub zum Wohlfühlen und Genießen in den Dolomiten

Entdecken Sie das Romantik Hotel Turm: Südtiroler Gastlichkeit und Herzlichkeit in einer einzigartigen Umgebung am Fuße der Dolomiten, UNESCO Weltnaturerbe. Modernes Design in historischen Mauern aus dem 13. Jahrhundert, welche Bilder der privaten Kunstsammlung zieren. Küche und Keller, die keine Wünsche offen lassen: Weine vom eigenen Weingut Grottnerhof können im Haubenrestaurant (14 Punkte im Gault Millau und 3 Löffel im Aral Führer) verkostet werden. Ein luxuriöser Wellnessbereich lädt zum Entspannen ein und der 18-Loch Golfplatz St. Vigil Seis lässt jedes Golferherz höher schlagen.

Seit Mai 2018 glänzt der Turm mit 5 Sternen und nach einem größeren Umbau überraschen wir mit neuen, großzügigen Doppelzimmern und Suiten, einer neuen Feuersauna, erweitertem Wellnessbereich und einem Fitness Raum mit einer einzigartigen Indoor Kletterwand.

Romantik Hotel Turm - ein Ort zum Genießen!

www.hotelturm.it

I-39050 Völs am Schlern BZ · Kirchplatz 9 · Tel. +39 0471 725 014 · Fax. +39 0471 725 474 · info@hotelturm.it

Südtirol · Dolomiten · Italien

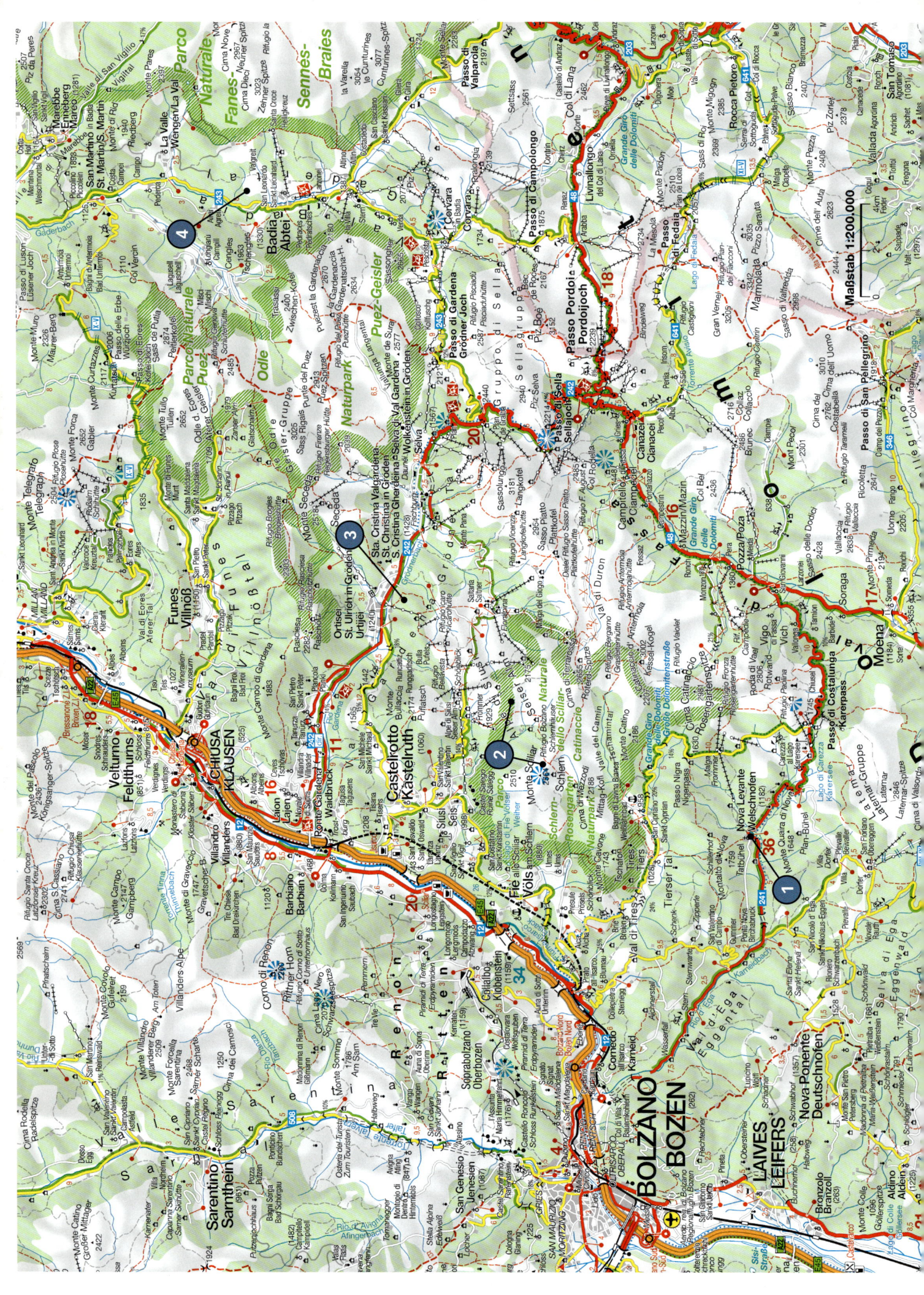

Herz aus Stein

Die Gebirgslandschaft der Dolomiten ist ein Zauberland aus vielen Zackenbergen. Mittendrin liegen die Seiser Alm, eine der größten Hochalmen Europas, das Grödnertal mit seinen Holzkünstlern sowie der Rosengarten mit seinem magischen Alpenglühen oder der Latemarwald mit seinen klingenden Hölzern.

❶ Eggental

Hauptort des Eggentals ist Welschnofen (1900 Einw.) an der Großen Dolomitenstraße. Der Ort ist ladinischen Ursprungs und als Ausgangspunkt für Bergtouren in den Rosengarten und zum Latemar bei Wanderern und Bergsteigern sehr beliebt. Auch der Karersee war schon Ende des 19. Jh. ein attraktives Reiseziel, wovon noch das ehemalige Grandhotel Karersee zeugt. Das imposante Belle-Époque-Gebäude, wo sich einst Kaiserin Sisi, Agatha Christie oder Winston Churchill tummelten, beherbergt heute Ferienappartements.

SEHENSWERT

Der **Rosengarten** ist ein imposantes Bergmassiv, das sich vom Schlern im Norden bis zum Karerpass im Süden erstreckt und das vor allem für das abendliche „Glühen" seiner Gipfel bekannt ist. Wer hier unterwegs ist, sollte trittsicher und bergerfahren sein. Hinauf kommt man aber auch mit dem Sessellift von **Welschnofen** zur Rosengartenhütte (2339 m). In Richtung Karerpass erreicht man den traumhaft gelegenen **Karersee** (4 km südöstl. von Welschnofen), in dessen smaragdgrünem Wasser sich die wild zerklüfteten Gipfel des Latemar spiegeln. Bei Instrumentenbauern in der ganzen Welt ist der **Latemarwald** für seine Haselfichten berühmt, deren Holz wegen der geringen Jahrringbreite und der großen Astreinheit besonders hochwertig ist (s. S. 48).

INFORMATION

Eggental Tourismus, Dolomitenstr. 4, I-39056 Welschnofen, Tel. +39 0471 61 95 00, www.eggental.com

❷ Seiser Alm/Schlern

Die **Seiser Alm** TOPZIEL (2518 m), mit 56 km² die größte Hochalm Europas, ist als Landschaftsschutzgebiet für den privaten Autoverkehr von 9.00 bis 17.00 Uhr gesperrt. Hotelgästen ist am An- und Abreisetag die Zufahrt mit Sondererlaubnis gestattet (z. B. beim Hotel erhältlich). Am bequemsten erreicht man die Hochalm mit der Alm-Bahn von Seis aus; die Bergstation befindet sich beim Hoteldorf Compatsch. Am Fuß der Seiser Alm liegen die Ferienorte Seis, Völs und Kastelruth.

Seiser Alm: Adler Mountain Lodge (s. S. 23); Museum Gröden: Nachlass von Luis Trenker; Völser Weiher

SEHENSWERT

Das größte und nördlichste der drei Dörfer am Fuß des Schlern ist das vor allem durch die Volksmusikgruppe „Kastelruther Spatzen" (s. S. 63) bekannte **Kastelruth** (6850 Einw.) mit Fan-Shop und Spatzenmuseum (Dolomitenstr. 21, www.spatzenladen.it). Der Kirchplatz im Ortszentrum wird von alten Häusern mit Zinnengiebeln und blumengeschmückten Erkern gesäumt. Hier steht auch die Pfarrkirche St. Peter und Paul (19. Jh.), deren mächtiger Zwiebelturm aus dem Spätbarock stammt.
Viel von seinem mittelalterlichen Charme bewahrt hat das südlichste Dorf **Völs** (3550 Einw.) mit Dorfplatz, Pfarrbezirk und verwinkelten Gassen, bereits im ausgehenden 19. Jh. ein beliebtes Ziel für die Sommerfrische und für Heubadkuren. Stammsitz der Herren von Völs war **Schloss Prösels** (um 1200), das mit Führung besichtigt werden kann; auch Konzerte, Theater und Ausstellungen finden hier statt (Führungen Mai–Okt. 11.00, 14.00, 15.00, 16.00, Juli/Aug. auch 10.00, 13.00 Uhr, www.schloss-proesels.it). In **Seis** (2000 Einw.) vor dem **Schlernmassiv** mit den beiden „Zeigefingern" Santner- und Euringerspitze (2413 und 2394 m) verbrachte der norwegische Dramatiker Henrik Ibsen Ende des

19. Jh. viele Sommerwochen. Oberhalb des Ortes gibt das gotische Kirchlein St. Valentin mit seinem barocken Turmhelm vor dem Schlernmassiv ein umwerfendes Fotomotiv ab. Südöstl. von Seis steht die **Ruine Hauenstein** auf einem Felsen unterhalb der Santnerspitze. Im 15. Jh. war sie Wohnsitz von Oswald von Wolkenstein, der als Minnesänger und Literat mehr als 130 Texte hinterließ.

AKTIVITÄTEN

Ein kleiner Teil der Seiser Alm und das Schlernmassiv wurden 1974 unter Schutz gestellt. Heute gehören sie zum 7300 ha großen **Naturpark Schlern-Rosengarten** und zum UNESCO-Weltnaturerbe. Die besonderen Witterungsverhältnisse und die Kalkböden des Schlerndolomit sorgen für eine unglaubliche Blütenpracht, die für Wanderer besonders reizvoll ist. Der **Völser Weiher** am Fuß des Schlern ist ein Natursee, an dem im Sommer viele Badegäste Kühlung suchen oder beim Alten Gasthaus (nur zu Fuß oder mit dem Fahrrad erreichbar, Tel. +39 0471 72 50 72) ein Ruderboot ausleihen. Im frühen 20. Jh. war das Gasthaus Treffpunkt von Literaten und Künstlern; Arthur Schnitzler verfasste hier große Teile seines Theaterstücks „Das weite Land".

EINKAUFEN
Florian Rabanser produziert am Plunhof **Dolomiten-Gin**, der nur aus Kräutern und Ingredienzien der Dolomiten gebrannt wird (St. Valentin-Str. 9, St. Valentin-Seis, www.zuplun.it).

RESTAURANTS
In seiner kleinen Almhütte €€/€€€ **Gostner Schwaige** (Saltriastr. 13, Seis am Schlern, Tel. +39 347 8 36 81 54, www.gostnerschwaige.com) zaubert Franz Mulser leckere Gerichte aus eigenem Anbau.
Der geschichtsträchtige €/€€ **Fronthof** (Bühelweg 2, Völs am Schlern, Tel. +39 0471 60 10 91, www.fronthof.com) von 1379 ist das größte im Steilhang auf Steinquadern erbaute Bauernhaus Südtirols. Der Oachner Höfewanderweg führt direkt an dem Buschenschank vorbei, der ein beliebtes Törggelen-Ziel ist. Es ist ratsam, rechtzeitig zu reservieren.

Tipp

Oswald-von-Wolkenstein-Ritt

Als Ritter, Abenteurer und Minnesänger war Oswald von Wolkenstein ein interessanter und vielseitiger Charakter. In Erinnerung an den 1377 geborenen, auf der Trostburg aufgewachsenen Edelmann findet seit 1983 jedes Jahr an einem Sonntag Ende Mai/Anfang Juni der Oswald-von-Wolkenstein-Ritt statt. Bei dem großen Reiterspektakel ziehen verschiedene Mannschaften mit wehenden Bannern von Kastelruth nach Seis, zum Völser Weiher und zu Schloss Prösels, um sich an den einzelnen Stationen in Schnelligkeit und Geschicklichkeit zu Pferde zu messen.

www.ovwritt.com

St. Ulrich: Restaurant Costamula, direkt an der Skiabfahrt La Longia; Santnerpass-Klettersteig im Rosengarten-Massiv; Bike-Park St. Ulrich

UNTERKUNFT
Das allergikerfreundliche €€€€ **Biohotel Tirler** (Saltria 59, Seiser Alm, Tel. +39 0471 72 79 27, www.hotel-tirler.com) setzt mit Zimmern aus Naturhölzern, beheizten Lehmwänden und eigenem Quellwasser auf Natürlichkeit.
Das Heubadln wurde in der Region erfunden. Im €€€ **Hotel Heubad** (Schlernstr. 13, Völs am Schlern, Tel. +39 0471 72 50 20, www.hotelheubad.com), Gasthaus und Heubadstation seit 1903, werden heute Original Völser Heubäder in moderner Form angeboten.

INFORMATION
Tourismusverband Seiser Alm, Dorfstr. 15, I-39050 Völs, Tel. +39 0471 70 96 00, www.seiseralm.it

3 Grödnertal

Bekannt für ihre kunstvollen Holzschnitzereien sind die drei Gemeinden **St. Ulrich** (4780 Einw.), **St. Christina** (1960 Einw.) und **Wolkenstein** (2610 Einw.), die alle drei den Einstieg ins legendäre Skikarussell der Sellaronda ermöglichen.

SEHENSWERT
Neben vielen **Herrgottschnitzern** (vollständig handgefertigte Stücke tragen ein Zertifikat der Handelskammer Bozen) haben auch einige zeitgenössische **Holzkünstler** im Grödnertal ihre Ateliers, u. a. Adolf Vallazza (*1924), der für seine Totems und Throne altes Holz verwendet (Streda Sotria 6, St. Ulrich, www.adolfvallazza.com) oder Walter Moroder (*1963), dessen Skulpturen von lebensgroßen Holzfiguren der Toraja auf Sulawesi inspiriert sind (www.waltermoroder.com; in St. Ulrich in der Galleria Doris Ghetta, Pontives 8, www.dorisghetta.com). In Wolkenstein arbeitet Aron Demetz (*1972), der seine Skulpturen gern kontrolliert mit Feuer verkohlt oder mit einer Fräse ausfranst (Streda Nives 20, www.arondemetz.it).

INFORMATION
Gröden Marketing, Streda Dursan 80 c, I-39047 St. Cristina, Tel. +39 0471 77 77 77, www.valgardena.it

4 Gadertal

Das Gadertal, ein Talsystem mit mehreren Nebentälern, ist umgeben von mächtigen Dolomitenbergen wie dem Heiligkreuzkofel (2908 m), dem Lagazuoi (2778 m) oder dem Piz Boè (3152 m). Sie schirmten die Bewohner von Fremdeinflüssen ab, wodurch sich bis heute Sprache und Kultur der Ladiner erhalten haben.

SEHENSWERT
St. Kassian (860 Einw.) ist bei Skifahrern wie Feinschmeckern beliebt. Der Ort vereint gleich fünf Michelin-Sterne in zwei Hotelrestaurants: Einziger Drei-Sterne-Koch Südtirols ist seit Ende 2017 Norbert Niederkofler im Restaurant St. Hubertus des Hotels Rosa Alpina. Sein Nachbar Matteo Metullio im La Siriola des Hotels Ciasa Salares hat zwei Sterne. St. Kassian ist über eine Gondel zum Piz Surega (2003 m) an die Sellaronda angebunden.
Aus **Wengen** (15 km nördl. von St. Kassian), stammen die über die Grenzen ihrer Heimat hinaus bekannten „Wassernixen", auf Ladinisch Ganes. Von Jazz, Klassik und Pop beeinflusst, besingt das Trio moderne Themen in der alten ladinischen Sprache.

MUSEUM
Oberhalb von St. Martin in Thurn (7,5 km nördl. von Wengen) erhebt sich Schloss Thurn (1290). Es ist Sitz des **Museums Ladin Ćiastel de Tor**, das unterhaltsam über die ladinische Kultur, Sprache und Geschichte informiert (Ladinisches Landesmuseum Schloss Thurn, Torstr. 72, www.museumladin.it; Mai–Okt. Di.–Sa. 10.00 bis 17.00, So. 14.00–18.00, Juli/Aug. auch Mo. 10.00–18.00 Uhr). Das **Istitut Ladin Micurá de Rü** (Stufles-Str. 20, St. Martin in Thurn, Tel. +39 0474 52 40 22, www.micura.it) kümmert sich um die Bewahrung der Sprache und Kultur der

Tipp

Spatzentreffen

Wo die Berge nah sind wie in Kastelruth, ist es bis zu den Herz-Schmerz-Melodien meist nicht weit. Fans des volkstümlichen Schlagers pilgern jedes Jahr zu Tausenden hierher, um eine der erfolgreichsten deutschsprachigen Volksmusikgruppen live zu hören. Die Kastelruther Spatzen und ihr Frontmann Norbert Rier können inzwischen mehr als 100 Goldene Schallplatten ihr eigen nennen. Zum Schunkeln und Schmachten gibt es ein Openair im Juni und ein Fest der Volksmusik im Oktober.

www.kastelrutherspatzen.de

Ladiner. Es ist benannt nach dem ladinischen Sprachwissenschaftler Micurá de Rü (Nikolaus Bacher), der als Erster eine Grundlage der ladinischen Grammatik vermittelte.

AKTIVITÄTEN

Das Hochabteital, auf Ladinisch Alta Badia, ist mit Lift- und Gondelanlagen an die **Sellaronda** angebunden, über die fünf Dolomitentäler erreichbar sind. Die Tour um den Sellastock war ursprünglich nur für Skifahrer angelegt, heute wird das Bergmassiv auch von Mountainbikern umrundet. Eine Gondel fährt auf den Bergrücken des Piz la Ila (2077 m), wo sich ein schöner Blick in die Dolomiten bietet. Sportlicher Höhepunkt des Jahres ist der **Slalom- und Riesenslalom-Weltcup** auf der Gran-Risa-Piste (Dez.).

RESTAURANTS

Der €€€ **Club Moritzino** (Piz La Ila, Badia, Tel. +39 0474 84 74 03, www.moritzino.it), eine rustikale Schickeriahütte direkt an der Seilbahnstation auf dem Piz La Ila, serviert gute Fischgerichte. Abends werden die Gäste mit der Schneekatze ins Tal transportiert.

Im €€€€ **St. Hubertus** (Hotel Rosa Alpina, Streda Micurá de Rü 20, St. Kassian, Tel. +39 0471 84 95 00, www.rosalpina.it) verfolgt Drei-Sterne-Koch Norbert Niederkofler sein Regionalküchenkonzept „Cook the Mountain".

INFORMATION

Tourismusverein St. Kassian, Streda Micurá de Rü 26, I-39036 St. Kassian, Tel. +39 0471 84 94 22, www.altabadia.org

Genießen   Erleben   Erfahren

Im Pistenkarussell

DuMont
Aktiv

Wie eine riesige Trutzburg erhebt sich der markante Felsklotz der Sella in der Mitte der sternförmig abzweigenden ladinischen Täler. Auf der Sellaronda, einer der bekanntesten Skirunden der Welt, kann man diesen heiligen Gral der Ladiner umkreisen – entweder im Uhrzeigersinn (orangefarbene Route) oder dagegen (grüne Route).

Beide Runden haben ihren Reiz und sind auch für mittelmäßige Skifahrer mit etwas Kondition geeignet. Inklusive Abfahrten, Aufstiegen und Pausen ist eine Rundtour in etwa sechs Stunden gut zu schaffen. Dabei passiert man keine Strecke zweimal – dafür gleich vier Dolomitenpässe: Campolongo-Pass, Pordoijoch, Sellajoch und Grödnerjoch. Außerdem liegen die Orte Arabba, Canazei, Wolkenstein, Corvara und Colfosco am Weg.

Bei einer Pistenpause werden auch kulinarisch Anspruchsvolle fündig. In Alta Badia bieten Berghütten unter dem Motto „Skifahren mit Genuss" zusätzlich zur Speisekarte ein Gericht von einem Sternekoch an. Allerdings muss man für einen Einkehrschwung zum Schlemmen in Alta Badia die Sellaronda verlassen und schafft die komplette Runde dann nicht mehr an einem Tag.

Streckenlänge: Insgesamt 40 km, davon 26 km reine Skipisten.
Liftzeiten: Für eine Komplettumrundung sollte man vor 10.00 Uhr aufbrechen und spätestens um 15.30 Uhr auf dem letzten Pass ankommen, um die letzten Liftfahrten zum Ausgangspunkt nicht zu verpassen.
Saison: Im März gibt es, statistisch gesehen, viel Schnee und die meiste Sonne.
Internet: www.sellaronda.com

Der Einkehrschwung gehört zum Skivergnügen, hier in der Danielhütte auf der Seceda-Alm oberhalb von St. Ulrich, ein kleiner Abstecher von der Sellaronda.

Auf dem Krönungsweg

Seit Jahrhunderten ist der Brennerpass die wichtigste Verbindung zwischen Mitteleuropa und Italien. Während die Berghänge im Wipp- und Eisacktal mit Apfelplantagen und Weinreben bewachsen sind und Feldthurns im Herbst zum Zentrum des Törggelens wird, reihen sich entlang der Autobahn so mächtige Orte wie die Bischofsstadt Brixen oder die Fuggerstadt Sterzing.

Laubengänge und verwinkelte Gassen, schmucke Bürgerhäuser mit Erkern, Türmchen und Zinnen – Brixen ist die älteste Stadt Tirols. Hier machten Kaiser Station, residierten Bischöfe.

Unter dem Label „Roter Hahn" werden seit zwanzig Jahren Ferienbauernhöfe vermarktet – wie der Oberhauserhof über Feldthurns.

Jörgl Oberhofer sitzt in seiner Werkstatt, summt das Jennerweinlied und schnitzt am Motiv eines röhrenden Hirschen. Die Schnalle aus Hirschhorn soll irgendwann den Querriegel an einem Paar Lederhosenträger zieren. Als Zehnjähriger hat Jörgl bereits sein erstes Reh geschossen und mit seinem kleinen Bruder selbständig eine Almhütte bewirtschaftet. Die Versorgung der Kühe dort gehörte auch zu ihren Aufgaben – fast sechzig Jahre ist das her. „Wir waren dreizehn Kinder daheim. Damit die ganze Familie überleben konnte, mussten alle mitarbeiten", erklärt Georg Oberhofer, den sie hier den Jörgl vom Glangerhof nennen. Der 400 Jahre alte Hof liegt im Eisacktal oberhalb von Feldthurns, einer Hochburg des Törggelens. Jedes Jahr im Herbst, wenn Wein und Esskastanien geerntet sind, pilgern die Wanderer in Scharen hierher, auch um im Glangerhof von der leckeren hausgemachten Hirschwurst zu probieren. Dabei erinnert sich Jörgl noch gut an Zeiten, in denen die Menschen Hunger litten und der Tierbestand in den Wäldern Eigentum der Grafen und Bischöfe war. Als Wilderer ist er früher selbst losgezogen, damit die Familie zu essen hatte. Die Knochen von Gams oder Reh wurden geschreddert an die Hühner verfüttert, damit niemand dahinterkam. Als er

Ein Fest mit Biss

Das alpin-mediterrane Wechselklima lässt in Südtirol eine Vielzahl leckerer Apfelsorten reifen. Klein, aber fein ist das Anbaugebiet auf dem Hochplateau von Natz-Schabs.
Egal ob rot, grün oder gelb – Äpfel sind wahre Vitaminbomben. Und jeder zehnte Apfel in Europa stammt heutzutage aus Südtirol, woran die Region Natz-Schabs einen beträchtlichen Anteil hat. In den dortigen Obstwiesen stehen mehr als 900 000 Bäume, die pro Jahr durchschnittlich 15 000 Tonnen Ertrag liefern. Spitzenreiter unter den dreizehn Sorten ist hier auf dem Hochplateau der Golden Delicious, der mit über achtzig Prozent den Markt bestimmt.

Genügend Äpfel sind also vorhanden, wenn alljährlich im Oktober zum Erntedank eine riesige Apfelkrone aus 3000 Früchten gebaut wird. Höhe- und Schlusspunkt der „Sunnseitn-Apfelwoche" ist am Sonntag das Apfelfest in Natz, mit besagter Apfel-

Apfelkrone beim Festumzug in Natz

krone, einer frisch gekrönten Apfelkönigin und vielen kulinarischen Schmankerln rund um den Apfel. Die Apfelbauern von Natz-Schabs bieten dabei auch geführte Spaziergänge in ihr Anbaugebiet an. Danach weiß man alles rund um den Apfel und kann erst mal kraftvoll hineinbeißen. Schließlich lautet ein Sprichwort nicht ohne Grund: Ein Apfel am Tag, und du hast mit dem Arzt keine Plag.

Villanders mit seinem schmucken Dorfkern um die Pfarrkirche St. Stephan ist eines der Törggelenzentren.

Das Brot zur Kaminwurzen im Buschenschank des Oberparteggerhofs in Villanders backt die Familie Kainzwalder selbst.

Frisch inthronisiert: die Apfelkönigin von Natz-Schabs. Brauchtum und Tracht (oben links) stehen beim Apfelfest hoch im Kurs.

Die Johanneskapelle in Villnöß – oder St. Johann in Ranui – steht auf 1352 Meter Höhe
vor der malerischen Kulisse der Geislerspitzen.

Zur Wallfahrtskapelle beim Latzfonser Kreuz auf 2300 Meter Höhe gehört eine eigene Schutzhütte.

„Es gab Zeiten, da hat man gewildert, um zu überleben. Eine Gams war wertvoller als ein Mensch."

in den 1980er-Jahren vom Revierförster auf frischer Tat ertappt und angeschossen wurde, war ihm das Wildern längst zur Passion geworden. „Ich hatte Glück, dass ich nicht verblutet bin und sie mein Bein wieder zusammennageln konnten", sagt er. Längst hat der einstige Wilderer eine Jagdlizenz und musste kürzlich sogar Strafe zahlen, weil er zu wenig Wild geschossen hatte. Heutzutage soll eine vorgegebene Abschussquote den Tierbestand regulieren – absurde Welt.

Club der Wilderer

Eine schwere, eisenbeschlagene Holztür führt zum alten Gewölbekeller des Glangerhofs, wo Jörgl für Besucher ein klei-nes Wilderermuseum eingerichtet hat. Geweihe, Gewehre und Schützenscheiben finden sich an der Wand, auch ein Wildererschild mit der Aufschrift: „Es gab Zeiten, da hat man gewildert, um zu überleben. Wilderer waren bei den einfachen Leuten hoch angesehen, weil sie das Volk mit Fleisch versorgten. Eine Gams war wertvoller als ein Mensch." Oben in der Wirtsstube treffen sich jeden ersten Dienstag im Monat etwa zwanzig Gefolgsleute abends zum Wildererstammtisch. Dann wird gemeinsam das Lied vom Wildschütz Jennerwein angestimmt, Jörgl begleitet auf der Ziehharmonika, und oft gibt auch der Gemeindepfarrer zu allem seinen Segen.

Das mittelalterliche Städtchen Klausen hat Albrecht Dürer 1494 in seinem Stich „Das große Glück" verewigt.

Brixens spätgotische Pfarrkirche St. Michael mit dem „Weißen Turm" steht in unmittelbarer Nachbarschaft ...

... zum barocken Dom mit den ausdrucksstarken Deckenfresken des Tiroler Malers Paul Troger.

Ganz oben: In Vahrn bei Brixen veredelt und verkauft Sternekoch Hansi Baumgartner die Produkte ausgewählter kleiner Käsereien.

In Brixens Altstadt-
gassen machen viele
kleine, inhabergeführte
Läden den Einkaufs-
bummel zum Erlebnis.

Dickhäuter auf Reisen

Dass röhrende Hirsche in der Region
viele Hausfassaden zieren, mag nicht
ungewöhnlich sein, aber ein Elefant? In
Brixen staunte man 1551 nicht schlecht,
als ein ausgewachsener Elefant namens
Soliman auf seiner Reise nach Wien in
der Stadt Rast machte. Das Geschenk des
portugiesischen Königshauses an Erzherzog Maximilian von Österreich war die
Sensation, und die Menschen standen
Spalier, um das exotische Tier zu Gesicht
zu bekommen. Für den örtlichen Gasthof, der den Dickhäuter samt Gefolge
zwei Wochen lang beherbergte, ehe sie
nach Norden weiterzogen, war Soliman
ein echter Glücksfall. Schon bald gab der
damalige Wirt Andrä Posch seiner Herberge den Namen „Zum Hellephant" und
ließ das Ereignis auch im Bild festhalten. Bis heute bleiben Besucher vor dem
Hotel Elephant in der Weißlahnstraße
stehen, um das große Fresko zu bestaunen, das den Aufmarsch von Elefant und
Treibern zeigt.

Rüsselpferd und wilder Mann

Wussten die Freskenmaler der Herberge
aus eigener Anschauung, wie ein echter Elefant aussieht, kann man sich im
Kreuzgang des Doms über die Darstellung eines Rüsselpferds amüsieren. Statt
eines Elefanten schuf der unwissende

Künstler ein Fabelwesen, das einem
schlanken Pferd ähnelt, bloß eben mit
Elefantenrüssel und großen Ohren. Die
bunte Bildergalerie aus Engeln, Teufeln,
Heiligen, Tugenden und Lastern in den
Arkadengängen fällt insgesamt recht
unterhaltsam aus, dienten die zwischen
1390 und 1510 entstandenen Darstellun-
gen doch vor allem dem Zweck, eine Art
Armenbibel zu sein. Denn im Mittelalter
konnten nur wenige Menschen lesen
und schreiben. Vielleicht rührt von daher auch der felsenfeste Glaube vieler Eisacktaler, dass allein schon der Anblick
eines Kirchturms Glück bringt. Vom
Berghang des Dorfes Spinges aus über-
blickt man das gesamte Eisacktal und damit nicht weniger als 24 Kirchtürme. Die
Chance auf noch mehr Glückseligkeit
hat man allenfalls auf der noch höher gelegenen Plose.

Wem das alles nicht kurios genug ist,
der stattet am besten den Kreaturen im
Brixner Pharmaziemuseum einen Besuch ab, wo es den Kopf eines Gürtel-
tiers, das Stück einer ägyptischen Mumie
oder ein Krokodil zu bestaunen gibt. Exotische Lockobjekte wie diese schmückten
1787 die Decke des Apothekenverkaufs-
raums und sollten, einer Wunderkammer gleich, die Neugier der Kundschaft
wecken. Ganz schön schräg, dieses Brixen, denn auch die Lauben der Altstadt

**Den mächtigen Fürst-
bischöfen von Brixen
kam die Aufgabe zu,
den Krönungsweg nach
Rom zu sichern.**

Bei der Sagra dei Canederli, dem Knödelfest am zweiten Sonntag im September, werden in Sterzings Fußgängerzone an einer 300 Meter langen Tafel Knödel in rund siebzig Variationen serviert, von salzig bis süß. Diverse Volksmusikensembles sorgen für Tischmusik.

Der Zwölferturm aus dem 15. Jahrhundert, Sterzings Wahrzeichen, ist mit 46 Metern das höchste Bauwerk der Stadt. Bestiegen werden kann er über enge, steile Treppen – während des Weihnachtsmarkts und beim Knödelfest.

Die Gilfenklamm bei Sterzing ist die einzige Klamm der Welt, die in weißen Marmor eingeschnitten ist. Von Mai bis Oktober kann die wildromantische Schlucht über Treppen und Stege in rund anderthalb Stunden begangen werden.

werden von einer dreiköpfigen Skulptur bewacht. Damit dem sogenannten „wilden Mann" an der Gasthausfassade des Schwarzen Adlers auch nichts entgeht, hat er gleich drei Köpfe und scheint so etwas wie die Vorform heutiger Überwachungskameras zu sein.

Der Andachtsjodler

Sicherheit war schon im Mittelalter ein wichtiges Thema. Den mächtigen Fürstbischöfen von Brixen kam die Aufgabe zu, den Krönungsweg nach Rom zu sichern. Mehr als sechzig deutsche Kaiser waren all die Jahre mit Gefolge über den Brenner gezogen, der mit 1375 Metern der niedrigste und deshalb bis heute bequemste Übergang über die Alpen ist. In Gossensass galt es seinerzeit Rast zu machen und vor der extremen Steilstrecke die Rösser zu wechseln. Ende des 19. Jahrhunderts kam dann die Eisenbahn und bescherte dem Kurort bald Nobeltouristen und Grandhotels, doch als nach dem Ersten Weltkrieg der Brennerübergang zur Staatsgrenze wurde, blieben die Besucher weg. Erst mit dem Bau der Autobahn gewann der Ort wieder an Bedeutung, wenn auch nur als Station auf der Durchreise.

Recht weit mag da so mancher nicht kommen, lohnt doch schon die Fuggerstadt Sterzing einen Abstecher. Bürgerhäuser mit reich geschmückten Fassaden und Lauben mit eleganten Geschäften zeugen noch heute von der wohlhabenden Vergangenheit als Handels- und Bergwerksstadt. Magisch ist die Atmosphäre des Ortes besonders an Weihnachten. In der Pfarrkirche Maria im Moos, die etwas außerhalb am südlichen Stadtrand steht, erklingt dann um Mitternacht der berühmte Andachtsjodler. Er wurde in Sterzing „erfunden", in der Christmesse 1833 erstmals zu Gehör gebracht und wird dort noch immer jedes Jahr an Weihnachten gesungen. Der Jodler ist längst weltbekannt – vielleicht weil er ganz ohne Worte auskommt und man sich die innige Melodie so gut merken kann: „Djo, djo-iri ..."

TÖRGGELEN AM URSPRUNG

Zu Gast bei Hof

Wenn die Bauern im Eisacktal im Herbst Trauben keltern und Esskastanien ernten, beginnt die traditionelle Zeit des Törggelens. Dann wird entlang des „Keschtnwegs" von Hof zu Hof gewandert, um die leckeren hausgemachten Produkte zu kosten.

Rustikal, bodenständig und gesellig – Buschenschänken sind bei Einheimischen wie Gästen gleichermaßen beliebt.

Das Laub raschelt schon unter den Füßen, die Sonne streut ihr goldenes Licht durch die Zweige. Herbstzeit ist Törggelenzeit in Südtirol. Die Ernte ist eingebracht, die Trauben sind gekeltert, der Speck ist abgehangen – jetzt wird gefeiert. Erntehelfer und Nachbarn wurden dann schon immer mit deftigem Essen und neuem, noch süßem Wein versorgt, dem „Siaßer". Inzwischen ist der alte Südtiroler Brauch des Törggelens weit über die Landesgrenzen hinaus bekannt, und viele Urlauber kommen dafür von weit her angereist. „Sogar im Pustertal bieten sie jetzt Törggelen an. Dabei wächst dort gar kein Wein. Viel zu kalt", ärgert sich Sepp Kainzwaldner vom Oberparteggerhof am Villanderer Sonnenberg. Als traditionell gilt das Törggelen nur dort, wo auch wirklich Wein und Kastanien wachsen. So wie im Eisacktal.

Deftige Hausmannskost

Ein Buschenstrauß mit roter Schleife signalisiert schon über der Hoftür: Ab sofort wird neuer Wein ausgeschenkt. Davon leitet sich das Wort Buschen-schank ab, erklärt Sepp Kainzwaldner, denn Schankbetriebe wie der seine sind nur an 180 Tagen im Jahr geöffnet. Die deftige Hausmannskost, die hier aufgetischt wird, hat es den Gästen angetan, vor allem Schlachtplatten mit Surfleisch, Schweinsrippen, diverse Würste, Schlutzkrapfen, Sauerkraut und Knödel. Fast alles wird in Eigenregie hergestellt.

„Wir schlachten noch selber. Das macht den Gang in den Schweinehimmel für die Tiere weniger stressig, was man dem Speck auch anmerkt", sagt Kainzwaldner, dessen Hof schon seit 1787 in Familienbesitz ist. Und natürlich stammt auch der Wein aus eigenem Anbau. Sogar nach Champagnermethode gereifter Sekt kommt zum Ausschank.

Auf dem Keschtnweg

Der Begriff *törggelen* leitet sich von der Weinpresse ab, der sogenannten Torggl, die früher noch von Hand gedreht werden musste. Besonders im Gebiet von Feldthurns, Villanders und Lajen findet man viele der beliebten Törggelestuben. Parallel zur Brennerautobahn schlängelt sich auf halber Hanghöhe zwischen Brixen und Bozen auch der 63 Kilometer lange

Vielerorts werden die Esskastanien
über dem offenen Feuer geröstet.

Typisch: Holzgetäfelte Bauernstube,
Hausmacherspeck, Käse und Keschtn
im Buchnerhof in Lajen

Eisacktaler Kastanienweg entlang,
der sogenannte Keschtnweg. Vom
Mittelalter bis Ende des 19. Jahrhunderts waren Esskastanien in den Bergregionen das Hauptnahrungsmittel
der Landbevölkerung. Als gluten-
freier Getreideersatz sind sie heute
wieder recht begehrt, nicht nur zum
Rösten über dem Feuer. Klar, dass
die Bauern es da nicht gern sehen,
wenn Touristen auf ihren Herbstwan-
derungen tütenweise Esskastanien
sammeln. Schließlich will man ihnen
die schmackhaften Maroni lieber als
leckere Suppen, Pürees oder süße
Nachspeisen servieren.

Bodenständige Genüsse

Törggelensaison ist von Anfang Oktober bis in die
Vorweihnachtszeit.

Eine Wanderung auf dem Keschtnweg ist nicht nur im
Herbst lohnend, zur Törggelenzeit aber besonders beliebt.
www.eisacktal.com

Zum Südtiroler Bauernbund „Roter Hahn" gehören
1600 authentisch geführte Höfe, von denen viele,
wie der Oberparteggerhof, auch das traditionelle
Törggelen anbieten. Selbstgemachte Hofprodukte
kann man das ganze Jahr über kaufen.
www.roterhahn.it

Von Kaisern und Kastanien

*Auch wenn sich die Brennerautobahn tief durch das Wipp- und Eisacktal gräbt,
ist es an den sonnenbeschienenen Berghängen mit den Weinreben, Edelkastanien-
und Apfelbäumen angenehm ruhig. Die ehemalige Bischofsstadt Brixen beeindruckt
mit ihrem Dombezirk, und im Herbst zieht es viele nach Feldthurns zum Törggelen.*

❶ Gossensass

Der **Brenner** ist mit 1374 m der niedrigste und
kommodeste Alpenpass. Durch den kleinen Ort
Gossensass (1150 Einw.) zogen daher schon im
Mittelalter Kaiser und Könige. Die Eisenbahn
brachte Ende des 19. Jh. erste Nobeltouristen
in die Grandhotels des Kurorts.

SEHENSWERT
Von der mondänen Zeit ist nicht viel geblieben,
aber im Rathaus ist **Henrik Ibsen** (1828–1906)
eine kleine Ausstellung gewidmet (Ibsenplatz,
Mo.–Fr. 8.30–12.30, Mi. auch 14.00–16.00 Uhr).
Seine Erholungsaufenthalte in Gossensass in-
spirierten den norwegischen Schriftsteller zum
Stück „Hedda Gabler".

AKTIVITÄTEN
Westl. von Gossensass geht es ins **Pflerschtal**,
wo noch bis 1818 Silber- und Bleibergwerke für

*Schloss Wolfsthurn bei Mareit; Übeltalsee und
Teplitzer Hütte über dem Ridnauntal*

Wohlstand in der Region sorgten. Pflersch ist
Ausgangspunkt für Wanderungen, z. B. zur
Hölle, einem Wasserfall, der bei den Hinter-
steiner Höfen 50 m in die Tiefe stürzt.

UNTERKUNFT
Am Ende des Pflerschtals öffnete 2017 das Fa-
milienresort €€€€ **Feuerstein** (Pflersch 185,
Brenner, Tel. +39 0472 77 01 26, www.feuerstein.
info), das modernes Design, Gourmetküche
und Entspannung in ruhiger Natur verbindet.

INFORMATION
Tourismusverein Gossensass, Ibsenplatz 2,
I-39041 Gossensass, Tel. +39 0472 63 23 72,
www.gossensass.org

❷ Sterzing

Das kleine Sterzing (6580 Einw.) bezaubert mit
seinem mittelalterlichen Stadtbild: prächtige
Lauben, Bürger-, Handwerker- und Wirtshäuser
samt kunstvoll geschmiedeten Schildern.

SEHENSWERT
Wahrzeichen Sterzings ist der **Zwölferturm**
(1486) am Ende der Altstadt. Unweit davon befindet sich der **Ansitz Jöchlsthurn** (15. Jh.),

ein ehemaliger Stadtturm, der einst Wohnsitz
einer durch den Bergbau reich gewordenen
Familie und später Gerichtsgebäude war. Im
barocken Ostflügel des ehem. Deutschordens-
hauses am südl. Stadtrand ist das **Multscher-
museum** untergebracht. Hauptsehenswürdig-
keit sind die Tafelbilder des von Hans Multscher
geschaffenen Sterzinger Flügelaltars (1456),
der früher in der Pfarrkirche Maria im Moos
gleich nebenan stand (Deutschhausstr. 11, April
bis Okt. Di.–Sa. 10.00–13.00, 13.30–17.00 Uhr).

AKTIVITÄTEN
Am Eingang ins Ratschingstal (4 km südwestl.)
ist die **Gilfenklamm** tief in weißen Marmor
eingeschnitten, der durch die hohe Feuchtig-
keit oft grünlich schimmert. In ca. 1,5 Std. kann
man die enge Schlucht durchwandern.

UMGEBUNG
Jeden Tag könnte man in **Schloss Wolfsthurn**
(1730) aus einem anderen Fenster blicken, denn
es sind genau 365. Das einzige Barockschloss
Südtirols, oberhalb von Mareit (7,5 km westl.)
im Ridnauntal, beherbergt das Landesmuseum

für Jagd und Fischerei (Kirchdorf 25, Ratschings/
Mareit, www.wolfsthurn.it; April–Mitte Nov. Di.
bis Sa. 10.00–17.00, So., Fei. ab 13.00 Uhr). Am
Ende des Ridnauntals erhebt sich der **Schneeberg**, der mit Silber, Blei, Kupfer und Zink für
Sterzings Reichtum sorgte. Nach Abbauende
1979 wurde das Bergbaumuseum Schneeberg
mit Schaustollen eingerichtet (wwww.bergbau
museum.it; 1,5-Std.-Führung April–Anf. Nov. Di.
bis So. 9.30, 11.15, 13.30, 15.15 Uhr).

INFORMATION
Tourismusverein Sterzing, Stadtplatz 3,
I-39049 Sterzing, Tel. +39 0472 76 53 25,
www.sterzing.com

③ Brixen

Der deutsche Kaiser Konrad II. übertrug 1027
dem Brixner Bischof die Grafschaften an Inn und
Eisack, im Gegenzug erbat er bischöflichen
Schutz auf seinem Krönungsweg nach Rom.
In Brixen (21 700 Einw.) entstand ein mächtiges
Domviertel, an das die Altstadt mit ihren ver-
winkelten Gassen und Laubengängen anschließt.
Aufsehen erregte 1551 die Durchreise des Ele-
fanten Soliman.

SEHENSWERT
Im markanten doppeltürmigen **Dom Maria
Himmelfahrt** kommt die geistliche Macht zum

Tipp

Festung
ohne Feinde

Um den Brennerpass vor Angreifern zu
schützen, bauten die Habsburger 1833
bis 1839 eine Talsperre, an der kein Heer
vorbeikommen sollte: die Franzensfeste.
Doch dann blieben die Feinde aus.
Gegen Ende des Zweiten Weltkriegs la-
gerten hier 127,5 Tonnen Goldreserven
der Banca d'Italia, die sich in den Wir-
ren der letzten Kriegstage in Luft auf-
lösten. Heute ist die größte Festungs-
anlage des Landes ein Museum.

Mai–Okt., Di.–So. 10.00–18.00,
Führungen 11.00 und 15.00,
Nov.–April 10.00–16.00 Uhr;
Brennerstraße, I-39045 Franzensfeste,
www.franzensfeste-fortezza.it

*Wallfahrtskapelle beim Latzfonser Kreuz;
Klausen: Kloster Säben; Lajen: Buchnerhof mit
Buschenschank*

Ausdruck. Der imposante Innenraum leuchtet
in 33 Marmorarten, die Fresken schuf Paul Troger (1750). Im Kreuzgang (1390–1510) finden
sich Szenen der sog. Armenbibel, in der 3. Ar-
kade das kuriose Rüsselpferd (tgl. 7.00–18.00;
Jan.–Ostern, Nov. 7.00–12.00,15.00–18.00 Uhr;
Führung 10.30 Uhr). In der angrenzenden **Fürst-
bischöflichen Burg** zeigt das Diözesanmuseum
Domschatz und religiöse Kunst vom Mittelalter
bis zur Neuzeit (www.hofburg.it; Di.–So. 10.00
bis 17.00 Uhr). Eine kleine Wunderkammer an
mumifizierten Tieren sowie 400 Jahre Arznei-
kunde zeigt das **Pharmaziemuseum** (Adler-
brückengasse 4, www.pharmaziemuseum.it;
Di., Mi. 14.00–18.00, Sa. 11.00–16.00, Juli/Aug.
Mo.–Fr. 14.00–18.00, Sa. 11.00–16.00 Uhr).

RESTAURANT
Beim €€€ **Finsterwirt** (Domgasse 3, Tel. +39
0472 83 53 43, www.finsterwirt.com; So. abends,
Mo. geschl.) genießt man feine Südtiroler Slow-
Food-Küche mit kräftigen italienischen Einflüs-
sen in 300 Jahre alten Stuben, im Sommer auch
im Innenhof unter schattigem Weinlaub.

UNTERKUNFT
Zum Traditionshaus €€€/€€€€ **Elephant**
(Weißlahnstr. 4 , Tel. +39 0472 83 27 50, www.
hotelelephant.com) gehört ein großer Garten
mit Pool. Auch hervorragend speisen kann man
in wundervoll getäfelten Stuben. Das Fresko an
der Hausfassade erinnert daran, dass hier 1551
der Elefant Soliman logierte.
Das Designhotel €€€ **Pupp** (Altenmarktgasse 36,
Tel. +39 0472 26 83 55, www.small-luxury.it) steckt
in prämierter Architektur aus einem minimalis-
tischen weißen Quader, dessen drei Etagen ge-
geneinander verschoben sind.

UMGEBUNG
Im **Kloster Neustift** (1142; 3 km nördl.) gibt es
klerikale Kunst- und Kulturschätze geballt auf
kleinstem Raum zu sehen: eine Barockkirche
mit einem Himmel voller Engel, eine Rokoko-
bibliothek wie eine Kathedrale für 92 000 Bücher,

eine Pinakothek. Und für besten Wein ist auch
gesorgt, denn die Augustiner-Chorherren sind
fantastische Winzer (Stiftstr. 1, 39040 Vahrn,
Tel. +39 0472 83 61 89, www.kloster-neustift.it;
Stiftsbibliothek und Pinakothek nur mit Führung:
Mo.–Sa. 10.00, 11.00, 14.00, 15.00, 16.00, Mitte
Juli–Mitte Sept. auch 12.00, im Winter 11.00,
15.00 Uhr). **Natz-Schabs** (7 km nördl., www.
natz-schabs.info) feiert alljährlich sein Apfelfest.

INFORMATION
Brixen Tourismus, Regensburger Allee 9,
I-39042 Brixen, Tel. +39 0472 83 64 01,
www.brixen.org

④ Feldthurns

Der ruhige Erholungsort zwischen Klausen und
Brixen liegt auf einer Bergterrasse oberhalb
des Eisacktals, der Ursprungsregion des **Törggelens TOPZIEL** (s. S. 74). Ihr Markenzeichen
sind 3300 Edelkastanienbäume, und so liegt
auch Feldthurns (2870 Einw.) am 63 km langen
Keschtnweg von Brixen nach Bozen (mit einer
Kastanie gekennzeichnet).

SEHENSWERT
Schloss Velthurns (1580) war bis 1803 die
Sommerresidenz der Brixner Bischöfe. Die In-
tarsienarbeiten der Innenräume spiegeln die
hohe Kunst der einheimischen Schreiner wider
(Dorf 1, www.schlossvelthurns.it; nur mit Führung: Mitte März–Mitte Nov. Di.–So. 10.00, 11.00,
14.30, 15.30, Juli/Aug. auch 16.30 Uhr).
Der **Glangerhof**, oberhalb von Feldthurns, ist
nicht nur eine beliebte Adresse für Törggelen-
gäste. Der Wirt Jörgl Oberhofer führt auch durch
sein Wilderermuseum. Die Hirsche für seine
Hirschwurst erlegt er heute ganz legal und
schnitzt aus dem Geweih Zierschnallen und

Anstecker. Außerdem trifft sich bei ihm der Wildererstammtisch (jeden 1. Di. im Monat; Guln 37, Tel. +39 0472 85 53 17).

UNTERKUNFT

Die frischen Himbeeren zum Frühstück stammen aus dem eigenen Bauerngärtchen des **€ Oberhauserhofs** (Schnauders 83, Tel. +39 0472 85 53 54, www.oberhauserhof.com), Milch und Käse von den eigenen Kühen. Die drei modernen Ferienwohnungen bieten einen fantastischen Blick auf die Geislerspitzen.

INFORMATION

Tourismusverein Feldthurns, Simon-Rieder-Platz 2, I-39040 Feldthurns, Tel. +39 0472 85 52 90, www.feldthurns.com

❺ Klausen

Das Künstlerstädtchen (5200 Einw.) wurde von Albrecht Dürer auf seiner ersten Italienreise 1494 in Kupfer gestochen. Könige, Päpste, Dichter und Maler hinterließen ihre Spuren in Form von sakralen und profanen Kunstwerken, Kirchen, Klöstern, Schlössern und Ansitzen.

SEHENSWERT

Wer auf den Heiligen Berg will, muss zu Fuß hinauf (30 Min. vom Tinneplatz). **Kloster Säben**, die Akropolis von Tirol, thront 200 m über dem Ort. Schon in rätischer und römischer Zeit soll sich hier ein Heiligtum befunden haben. Vor dem Umzug nach Brixen 990 war der Ort Sitz des Bistums. Vier Kirchen stehen für Besucher offen. Die Konventsgebäude sind nicht zugänglich, da hier bis heute Benediktinerinnen in Klausur leben.

RESTAURANT

Der Buschenschank **€ Oberpartegger** (Unter St. Stefan 7, Villanders, Tel. +39 0472 84 78 69, www.oberpartegger.com; März–Mai Di.–So. ab 17.00, Sept.–Dez. ab 16.00 Uhr, rechtzeitig reservieren) ist zum Törggelen sehr beliebt. Alle Produkte stammen vom eigenen Hof der Familie Kainzwaldner.

HOTEL/RESTAURANT

Der **€€/€€€ Ansitz zum Steinbock** (F.-v.-Defreggergasse 14, Villanders, Tel. +39 0472 84 31 11, www.zumsteinbock.com) ist außen eine Trutzburg, innen ein feines Gasthaus mit alten Stuben. Auf der Terrasse hat man einen grandiosen Blick über die Sarntaler Alpen und ins Eisacktal.

UMGEBUNG

Vom Weiler **Latzfons** (7 km nördl.) führt eine 3-Std.-Wanderung zum Latzfonser Kreuz, dem höchstgelegenen Wallfahrtsort Europas (2305 m). Der Aufstieg lohnt sich schon wegen der Aussicht. Eine Schutzhütte bietet Schlafplätze.

INFORMATION

Tourismusverein Klausen, Marktplatz 1, I-39043 Klausen, Tel. +39 0472 84 74 24, www.klausen.it

---

Genießen   Erleben   Erfahren

Zum Wolkenschloss

Jenseits der Dreitausendergrenze steht es, zweifellos ein Haus in den Wolken. Das Becherhaus, Südtirols höchstgelegene Schutzhütte, thront in 3195 Meter Höhe auf einem Felsenriff. In weniger als sieben Stunden kommt man kaum hinauf. Für Wanderer ist es die Königstour.

Der Bau der Hütte entsprang keiner alpinistischen Notwendigkeit, sondern dem größenwahnsinnigen Wettkampf um die höchste Schutzhütte in den Ostalpen. Die wanderlustige Kaiserin Sisi hatte ihren Besuch 1898 schon angekündigt, als sie eine Woche vor dem geplanten Aufstieg ermordet wurde. „Kaiserin-Elisabeth-Schutzhaus" heißt die Hütte deshalb bei vielen noch heute.

Hüttenwirt Erich Pichler nennt sie lieber sein „Wolkenschloss", auch wenn die Bewirtschaftung schwierig ist. Die Versorgung muss mit Hubschrauberflügen geleistet, aus Sonnenlicht Energie gewonnen und mit Brennholz gekocht werden. Das Wasser kommt vom Gletscher des Übeltalferners. Auf seine Eisfelder und das dahinterliegende Alpenpanorama hat man von dieser Felsenkuppe einen gigantischen Blick. Als Stützpunkt für die Gipfel zwischen Wildem Freiger und Zuckerhütl wurde hier im 17. Jahrhundert sogar eine Kapelle gebaut: Maria im Schnee. Es herrscht schon eine ganz besondere Aura hier oben im Wolkenschloss.

Strecke: Vom Parkplatz an der Erzaufbereitung am Talschluss in Maiern im Ridnauntal Fußweg Nr. 9 über Grohmann- und Teplitzer Hütte zum Becherhaus.

Gehzeit: ca. 7 Std. (13 km, 1800 Höhenmeter)
Saison: Ende Juni–Mitte/Ende Sept.
Becherhaus: 100 Schlafplätze, Tel. +39 0472 65 63 77, www.becherhaus.com

Südtirols höchstgelegene Schutzhütte: das 1894 erbaute Becherhaus auf 3195 Meter Höhe

Weltstädtchen mit Weindörfern

Die Landeshauptstadt Bozen fasziniert mit ihrem deutsch-italienischen Kulturmix. Ob Kunst, Architektur, Kulinarik oder Sprache – hier kann sich jeder aus beiden Lebensarten das Beste aussuchen. An heißen Sommertagen ziehen sich die Städter dennoch gern auf den Ritten zurück oder in die Weindörfer des Unterlands zwischen Eppan und Kaltern.

In Jenesien, am Tschögglberg, 800 Meter über Bozen, kann man Ruhe und Kraft tanken.
Auf der Terrasse des Hotels Belvedere liegt einem schon beim Frühstück die Welt zu Füßen –
oder bei einem Absacker am Ende eines erlebnisreichen Urlaubstags.

Acht Seligkeiten braucht ein Bozner, um glücklich zu sein. Seit Karl Theodor Hoeniger 1933 ein Gedicht darüber verfasst hat, kann hier fast jeder die Glückseligkeiten auswendig aufsagen. Neben einem Haus unter den Lauben, einem Weingut in Gries, einer Loge im Stadttheater, einem eigenen Kirchenstuhl, einem Familiengrab in bevorzugter Lage, der Ehe mit einer Boznerin und so viel Wäsche, dass man nur alle paar Monate waschen muss, gehört auch ein Sommerfrischehaus am Ritten dazu. Im Sommer ist Bozen eine der heißesten Städte Italiens – und im Winter eine der kältesten. Die Porphyrplatten, auf denen der Bozner Kessel samt Weinbergen gründet, wirken je nach Saison als Kälte- oder Wärmespeicher. Schon

Ein Sommerhaus am Ritten gehört zu den Bozner Seligkeiten.

zu Beginn des 17. Jahrhunderts nutzten reiche Kaufleute und Adelsfamilien deshalb den Hausberg über ihrer Stadt für einen kühleren Sommeraufenthalt. An Peter und Paul (29. Juni) wurden Hausrat und Wäsche für 72 Tage in Korbtruhen gepackt und zusammen mit Frauen und Kindern per Pferd oder Esel auf den Ritten gebracht. Die Männer kamen jeweils am Wochenende nach.

Alpiner Jugendstil

Zahlreiche Villen, vor allem im Oberbozner Ortsteil Maria Himmelfahrt, verbreiten mit ihrer Holzarchitektur im Stil der Gründerzeit bis heute den gepflegten Charme längst vergangener Zeiten. So auch das 1908 eröffnete Parkhotel Holzner, in dem noch fast alles Mobiliar aus der Originalzeit des Jugendstils stammt. „Silberbestecke und Lampen sind heute genauso im Einsatz wie damals. Im Speisesaal stehen fast zweihundert Original-Thonet-Stühle, und jeder, vom Greis bis zum Kleinkind, darf darauf sitzen", erklärt Hotelchef Wolfgang Holzner, des-

Höfische Szenen wie die Ball spielenden Damen gehören zum Freskenzyklus auf Schloss Runkelstein (oben). Bizarr wirken die Rittner Erdpyramiden (unten).

Während sich Bozen in seinen
Talkessel schmiegt …

… genießt man am „Runden Tisch"
beim Rittner Horn einen 360-Grad-
Ausblick auf 2045 Meter Höhe. Hin
geht es mit der Kabinenbahn von
Pemmern zur Schwarzseespitze
und über den Panoramaweg.

Rechts: Bozens Dom Maria Himmelfahrt mit dem gotischen Glockenturm blickt auf den Waltherplatz hinunter und auf alle Feste und Feierlichkeiten, die in der guten Stube der Stadt über die Bühne gehen. Etwa wenn die Fanfaren- und Fahnenschwingergruppe aus Fornovo di Taro Südtirols Landeshauptstadt einen Besuch abstattet.

Unten: Viele kleine Läden und Boutiquen kennzeichnen die Laubengasse. Zur Shoppingpause laden Cafés wie die Konditorei Peter am Obstmarkt ein.

Die Fahnenschwinger aus der Nähe von Parma sind als Begleitprogramm eines Oldtimertreffens an den Waltherplatz geladen.

Die Bischöfe von Trient ließen die Lauben vor 800 Jahren als Straßenmarkt errichten. Heute sind sie die schickste Einkaufsmeile der Stadt.

Wegen des mediterranen Klimas zieht es die Bozner gern ins Freie.

sen Haus schon seit vier Generationen in Familienbesitz ist.

Auch die Prominenz weilte gern in der Sommerfrische. Der Schriftsteller Hans von Hoffensthal ist am Ritten geboren. Sigmund Freud betrieb hier religionspsychologische Studien, die in sein Werk „Totem und Tabu" einflossen. Und Franz Kafka schrieb von hier an seine Milena. Von der deutschen Politikprominenz verbringt heute Bundespräsident Frank-Walter Steinmeier regelmäßig seinen Urlaub am Ritten.

Der Besucher begibt sich hier oben fast unentwegt auf Zeitreise. Alle Handykameras klicken, wenn die historischen Wagen der Rittner Schmalspurbahn von 1908 zum Einsatz kommen. Gemächlich fährt das Bimmelbähnchen auf dem Hochplateau in Richtung Klobenstein, wo ganz in der Nähe die bizarre Landschaft der Erdpyramiden wartet. In dem Steinwald aus bis zu dreißig Meter hohen Säulen, auf denen teils gewaltige runde Steine thronen, würde es nicht verwundern, wenn plötzlich Dinosaurier durch die Szenerie liefen. Dabei liegt das 100 000 Einwohner zählende Bozen nur zwölf Seilbahnminuten entfernt.

Ein bisschen weite Welt

Die Fahrt hinab mit der Gondel eröffnet einen grandiosen Blick auf das Welt-

städtchen mit seinem historischen Stadtkern – allerdings auch auf Bozens Industriezone. Deren Errichtung war einst politisch motiviert. 1934 beschlossen die faschistischen Machthaber, hier die Ansiedlung italienischer Arbeitskräfte zu forcieren. Die Bauten verschönern das Stadtbild nicht unbedingt, doch auf diese Weise ist das Zentrum bislang zumindest von großen Elektro- oder Baumärkten verschont geblieben und die Altstadtkulisse umso reizvoller.

Wegen des mediterranen Klimas zieht es die Bozner gern ins Freie. Man plaudert in den Cafés, bummelt durch die Lauben, trifft sich zum Aperitif in einem der Lokale am beliebten Obstmarkt. An heißen Sommertagen findet man mitten in der Stadt und doch völlig abgeschieden eine kühle Oase im traumhaften Privatpark des Hotel Laurin, nur einen Katzensprung vom Waltherplatz entfernt. Unter jahrhundertealten Zedern, umgeben vom Duft von Kamelien, Rosen und wilden Orangen, lässt es sich wunderbar rasten, auf lauschigen Wegen an erlesenen Kunstobjekten vorbeiflanieren oder den Poolschwimmern beim Bahnenziehen zusehen. Denn der Park ist öffentlich, steht nicht nur Hotelgästen offen.

Bolzano – allein schon der italienische Name klingt nach südlichem Flair. Und mit über siebzig Prozent weist die Lan-

Das Museion (rechts), Bozens Museum für moderne und zeitgenössische Kunst, spricht gezielt auch junge Menschen an – nicht nur mit dem Museumscafé (unten), in dem Schüler und Studenten zehn Prozent Rabatt erhalten.

1985 von einem Kulturverein gegründet, ist das Museion seit nunmehr zehn Jahren in dem gläsernen Kubus an den Talferwiesen beheimatet, den das Berliner Architekturbüro Krüger Schubert Vandreike für die Sammlung und die wechselnden Ausstellungen entworfen hat.

Im Südtiroler Archäologiemuseum nimmt Ötzi, der Mann vom Tisenjoch, samt Entdeckungsgeschichte, Beifunden und vielem mehr drei Etagen ein.

Museal sind auch die Apothekerschränke in der Parfümerie Thaler, die unter den Lauben 250 Jahre Tradition mit modernem Lifestyle verbindet.

Gletschermumie

Special

Auge in Auge mit Ötzi

Das Bozner Archäologiemuseum ist das meistbesuchte des Landes, denn es zeigt in einer einsehbaren Kühlkammer die älteste Mumie der Welt. Wie ein Pharao ruht er in seiner Grabkammer, allerdings keimfrei und eisgekühlt, bei minus sechs Grad und fast hundert Prozent Luftfeuchtigkeit. Die meisten Besucher kommen seinetwegen: Ötzi vom Tisenjoch.

Sein Fund 1991 war eine archäologische Sensation. Deutsche Wanderer hatten in den Ötztaler Alpen eine mumifizierte Leiche entdeckt, die man zunächst für einen verunglückten Bergsteiger hielt. Als sich herausstellte, dass die Mumie mit 5300 Jahren älter ist als die von Tutanchamun, erforschten Wissenschaftler fast alles über Ötzi. Er war höchstens 46 Jahre alt, 1,60 Meter groß, wog fünfzig Kilo, hatte Schuhgröße 38, dunkelbraunes, gewelltes, mittellanges Haar, braune Augen und fünfzig winzige Tattoos am ganzen Körper. Auch

Nachbildung des Mannes aus dem Eis

seine Krankheiten hat man haarklein rekonstruiert – und herausgefunden: Ötzi wurde einst ermordet.

Regelmäßig erhält er eine Kur mit destilliertem Wasser, weil er täglich zwei Gramm davon verliert. So entsteht eine dünne, glänzende Eisschicht auf der eigentlich ledernen Haut. Das Museum verfügt über eigene Notkühlsysteme, doch für den Ernstfall wird im Bozner Krankenhaus eine weitere Kühlkammer bereitgehalten.

deshauptstadt auch den größten Anteil italienischsprachiger Südtiroler auf. Das nicht immer einfache Zusammenleben von Deutschstämmigen und Italienern führt heute zu einem spannenden Mix aus deutscher Gründlichkeit und mediterraner Lässigkeit. Man hat gelernt, das Beste beider Lebensstile zu genießen: Knödel und Pasta, Loden und Armani.

Bozen will mehr sein als ein putziges Regionalzentrum, und so hat die Stadt in den vergangenen Jahrzehnten durch Investitionen in Kunst, Bildung und Handel ihr Image gewaltig aufpoliert. Es gibt eine Universität, an der dreisprachig unterrichtet wird, ein großes Stadttheater und natürlich den Publikumsmagneten Ötzi. Auch architektonisch sind die Zeiten längst vorbei, als man noch über die nüchterne Neustadt mit ihren martialischen Gebäuden aus der Zeit des Faschismus stritt. Für das moderne Gesicht der Stadt stehen heute Gebäude wie das Museion an den Talferwiesen, eines der bedeutendsten Museen zeitgenössischer Kunst im Alpenraum. Wenn der transparente Kunstkubus nachts in Neonfarben erstrahlt wie ein soeben gelandetes Ufo oder seine Fassade bisweilen mit eindrucksvollen Künstlervideos bespielt wird, ist der Kontrast zu den biederen Wohnhäusern der Umgebung durchaus beabsichtigt.

Ein bisschen große, weite Welt kann man auch in der Parfümerie Thaler unter den Lauben schnuppern, wo in alten Apothekerschränken seit mehr als 250 Jahren edle Flakons kleiner italienischer und französischer Manufakturen offeriert werden. Es duftet nach Bergamotte, Orange, Grapefruit und Vanille. „Frédéric Malle, Acqua di Parma, L'Artisan oder Etro? Was darf es sein?", fragt eine der Parfümexpertinnen und besprüht Papierstreifen mit Geruchsproben, bis es einem so den Kopf vernebelt, dass man sich fast wie in Paris fühlt. Zudem gibt es bei Thaler neben raren Duftwässerchen für sie und ihn auch ein Bistro und eine Champagnerie über den Dächern der Stadt, schönste Aussicht in-

„Eine milde, sanfte Luft füllte die Gegend."

Johann Wolfgang von Goethe über Bozen

klusive. Zwar nicht auf den Eiffelturm, aber immerhin auf Bozens berühmtesten Platz, den Waltherplatz. Und die Champagnerbar stellt manch Pariser Edellokal in den Schatten, denn hoch über Bozen blubbern hier fast 200 Sorten köstlichster Perlweine.

Auf Weinsafari

Wer nun auf den Geschmack gekommen ist und auch die große Vielfalt regionaler Weine kennenlernen möchte, ist auf der Südtiroler Weinstraße richtig. Auf insgesamt 150 Kilometern, von Nals über Bozen durch das Überetsch und Unterland bis nach Salurn, haben sich seit 1964 sechzehn Weindörfer zusammengeschlossen. Bei 74 Kellereien mit insgesamt mehr als 4000 Hektar Rebflächen lässt sich ein Überblick am besten auf einer organisierten Weinsafari gewinnen, mit Weinbergbegehung, Kellereibesuch und Imbiss. Da kann man auch getrost einige Gläschen probieren, denn den Fahrdienst übernimmt ein Shuttlebus. Einsteigen, zurücklehnen und genießen, lautet das Motto der Anbieter.

Schloss Sigmundskron bei Bozen beherbergt mit dem MMM Firmian das Herzstück der sechs Messner Mountain Museen. Die Dauerausstellung ist der Beziehung zwischen dem Menschen und den Bergen gewidmet.

Den Kühen am Tschögglberg kann das egal sein, solange die Almwiesen genügend saftiges Gras bieten und die Lärchen Schatten spenden.

Auf dem Salten, einer weiten Hochebene im südlichen Teil des Tschöggl-
bergrückens, lässt sich entspannt und doch mit Aussicht wandern.

Jenesien am Tschögglberg, etwas unterhalb des Salten, gilt als Wiege
der Haflinger. Reiterhöfe wie der Oberfahrerhof im Ortsteil Flaas bieten
Ausritte auf den gutmütigen, robusten „blonden" Pferden an.

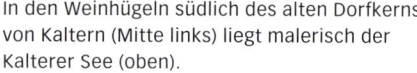

In den Weinhügeln südlich des alten Dorfkerns von Kaltern (Mitte links) liegt malerisch der Kalterer See (oben).

Bei der Nacht der Keller im Juni öffnen in wechselnden Orten der Südtiroler Weinstraße Winzer wie die Kellerei Schreckbichl in Girlan (Mitte rechts) ihre Gewölbe für Ausstellungen, Musik und natürlich für Gäste, die fachsimpeln, probieren und es sich wohl sein lassen.

Auf dem Premstallerhof in St. Magdalena, oberhalb von Bozen, baut Gertrud Vogel ihre Vernatsch- und Lagreintrauben nach biodynamischen Regeln an. Gekeltert und abgefüllt wird ihr St. Magdalener im Weingut Rottensteiner in Bozen.

Natürliche Badeseen gibt es nicht allzu viele in Südtirol. Der Kalterer See ist der größte unter ihnen – und der wärmste See der Alpen überhaupt. Die Badesaison geht hier von Mai bis September.

> „Wer Gott liebt, wird selig. Wer Wein trinkt, wird fröhlich. Drum liebet Gott und trinket Wein und lasset uns fröhlich und selig sein!"
>
> Wandspruch an einem Buschenschank

Dank des alpinen wie mediterranen Klimas gedeihen in Südtirol zwanzig verschiedene Rebsorten. Bei den drei autochthonen Sorten Vernatsch, Lagrein und Gewürztraminer geraten längst Weinliebhaber aus der ganzen Welt ins Schwärmen. Die meisten Weingüter sind kleine Familienunternehmen, weshalb siebzig Prozent aller Südtiroler Weine von Genossenschaften gekeltert werden, die hier einen ausgezeichneten Ruf genießen. In Kaltern, Tramin oder Terlan präsentieren sich ihre Zentren inzwischen als derart spektakuläre, moderne Bauwerke, dass sich immer häufiger auch Architekturtouristen dort blicken lassen.

Wilde, gesunde Genüsse

Während einer Weinbergbegehung mit einem Winzer lässt sich gut fachsimpeln, vor allem wenn man auf so ungewöhnliche Bioweinbauern trifft wie Othmar Sanin. Der Lebenskünstler hat seinen Job als Broker gekündigt, um sich in Margreid seinem „Weingut der wilden Genüsse und einzigartigen Raritäten" zu widmen, wie er sagt. Ohne große Maschinen und ohne Pflanzenschutz produziert er nach achtzehn Jahren Weinbaumanufaktur inzwischen mehr als nur Wein. Im Unterwuchs zwischen den Rebreihen wachsen über dreißig verschiedene Wildkräuter, aus denen Salat, Pesto oder Brotaufstrich hergestellt wird. Nach der

Im 13. Jahrhundert auf einem Felssporn oberhalb von Salurn erbaut, hatte die Haderburg viele wechselnde Besitzer. Heute ist sie nicht mehr bewohnt, birgt aber eine mittelalterliche Burgschenke in ihren Mauern.

Das Kloster Maria Weißenstein bei Deutschnofen ist einer der bedeutendsten Wallfahrtsorte Südtirols – nicht erst seit dem Besuch von Papst Johannes Paul II. im Jahr 1988.

Die Deckenfresken (1753) der Barockkirche Maria Weißenstein stammen vom Wiener Hofmaler Josef Adam Mölk.

Neumarkt im Bozner Unterland, 1189 durch Bischof Konrad von Trient gegründet, war im Mittelalter eine bedeutende Handelsstation.

Zu besonderen Anlässen wie einer Taufe oder Hochzeit pflanzte man früher eine Hausrebe.

Traubenpressung im Herbst entsteht aus den übrig gebliebenen Schalen und Kernen ein Pulver zur immunstärkenden Nahrungsergänzung. Hokuspokus ist das für Sanin keineswegs. Als Biowinzer verwendet er ausschließlich pilzresistente Rebsorten, erklärt er. „Und wie die besonderen Inhaltsstoffe solche Reben vor Schädlingen schützen, so können sie auch unser Immunsystem stärken." Die Südtiroler müssen es wissen, schließlich wurde hier schon in vorrömischer Zeit Wein angebaut, im 5. Jahrhundert vor Christus. Zu besonderen Anlässen wie einer Taufe oder Hochzeit pflanzte man früher eine Hausrebe. So gedeiht in Margreid an der Fassade des Augustin-Hauses die angeblich älteste datierte Weinrebe Europas. Laut Inschrift wurde sie 1601 eingesetzt und trägt jedes Jahr noch bis zu achtzig Kilo Trauben.

Das Zentrum des größten Weinbaugebiets des Landes liegt weiter nördlich, in der Gemeinde Eppan. Weinlagen, so weit das Auge reicht. Ab und an lugen historische Ansitze mit zinnenbewehrten Mauern und verzierten Erkern zwischen den Rebfeldern hervor. Südtirol zählt zu den burgenreichsten Gebieten Europas. Allein rund um Eppan fügen sich um die 180 Burgen, Schlösser und Adelssitze auf vortreffliche Weise in die Hügel- und Berglandschaft.

Ein kleines Schmuckkästchen birgt Burg Hocheppan mit der sogenannten sixtinischen Kapelle der Alpen, die man nach einer etwa dreißigminütigen Wanderung erreicht, aber nur mit kunsthistorischer Führung besuchen kann. Das lohnt sich allerdings. Die überaus farbenprächtigen, romanischen, byzantinisch beeinflussten Wandmalereien stammen von einem unbekannten Meister des beginnenden 13. Jahrhunderts. Das bekannteste Fresko ist die Darstellung einer „Knödelesserin" im Stall von Bethlehem, die früheste Dokumentation eines Tiroler Knödels! Wer bei diesem Anblick Hunger verspürt, muss nicht lange warten. In der Burgschenke gleich nebenan gibt es eine reiche Auswahl an Speck-, Spinat- und Pressknödeln. Und leckerer Südtiroler Wein wird natürlich auch ausgeschenkt.

Selbst nach einer stilechten Unterkunft muss man nicht lange suchen. In vielen Anwesen können Gäste heute Schlossherren auf Zeit sein, über die Weinberge blicken und abends am Kamin einen exzellenten Tropfen genießen. Dabei kommen einem dann wieder die acht Bozner Seligkeiten in den Sinn: Ein eigenes Haus für den Sommer und eines für den Winter, und ein eigener Weinberg war doch auch noch dabei … Davon träumen kann man ja mal.

Gestaltete Weinkultur

Mit ästhetischem Eigensinn

Dass Kunst und Weingenuss in Südtirol zusammengehören, schlägt sich unübersehbar auch in der architektonischen Gestaltung vieler Weingüter nieder. Vor allem Genossenschaftskellereien präsentieren sich oftmals als spektakuläre, zukunftsweisende Bauten, was für Weinkenner wie Architekturtouristen reizvoll ist.

① Kellerei Meran/ Burggräfler

Vom geheimnisvollen, in Dunkelrot gehaltenen Holzfass- und Barriquekeller entblättert sich der von Architekt Werner Tscholl entworfene Bau bis hinauf zum lichtdurchfluteten Penthouse mit Vollverglasung und bester Sicht auf die Weinberge im Meraner Becken. Mit 400 regionalen Winzern bilden die beiden traditionsreichen Kellereigenossenschaften Meran und Burggräfler gemeinsam die größte Kellerei im Westen Südtirols.

Kellereistraße 9,
I-39020 Marling,
Tel. +39 0473 44 71 37,
www.burggraefler.it

② Kellerei Terlan

Von außen präsentiert sich die Kellerei mit einer rötlichen Porphyrverkleidung, dem typischen, weinprägenden Gestein der Gegend. Das Dach ist mit Reben bepflanzt und schafft einen fließenden Übergang zur Landschaft. Mit 143 Mitgliedern produziert die Genossenschaftskellerei große Weißweine und bietet jedes Jahr einen „Raritätenwein" an, der mindestens zehn Jahre gelagert wurde.

Silberleitenweg 7,
I-39018 Terlan,
Tel. +39 0471 25 71 35,
www.kellerei-terlan.com

③ Kellerei Nals/ Margreid

Architekt Markus Scherer hat das elegante, scheinbar frei schwebende Porphyrsteindach als Verbindungselement zwischen altem und neuem Kellereigebäude entworfen. Der oberirdisch angelegte, mit Eichenholz verkleidete Barriquekeller wirkt wie eine überdimensionale Weinkiste. Bekanntester Cru-Wein der Genossenschaftskellerei ist der Sirmian-Weißburgunder, der mehrfach als bester Weißwein Italiens ausgezeichnet wurde.

Heiligenbergerweg 2,
I-39010 Nals,
Tel. +39 0471 67 86 26,
www.kellerei.it

④ Kellerei Schreckbichl

Eichenholzfässer waren die Inspiration für die Gestaltung der Außenfassade der Kellerei Schreckbichl. Ihre „Lafóa"-Weine sind das Ergebnis der Südtiroler Qualitätsoffensive für lagerfähigere Weine. Die ausgewählten Trauben stammen von alten Reben mit sehr geringem Ertrag, die ursprünglich auf dem gleichnamigen Pilotweinberg gesetzt wurden. Heute steht Lafóa für Weiß- und Rotweine von kräftiger Struktur, Finesse und großem Reifepotenzial.

Weinstraße 8,
I-39057 Girlan/Eppan,
Tel. +39 0471 66 42 46,
www.colterenzio.it

⑤ Winecenter Kaltern

Der auffällige moderne Kubus der Genossenschaftskellerei Kaltern, in dessen Fensterfronten sich der alte Baubestand von 1911 spiegelt, lebt vom Kontrast. Die Verkaufsräume im Innern sind wie eine terrassenartige Landschaft angelegt, nach Plänen der Wiener Architektengruppe feld 72. Mit 3,4 Millionen Flaschen im Jahr gehört die Kellerei zu den großen im Land. An den Hängen um Kaltern wachsen zu rund fünfzig Prozent Vernatsch-Reben.

Bahnhofstraße 7,
I-39052 Kaltern,
Tel. +39 0471 96 60 67,
www.winecenter.it

7

5

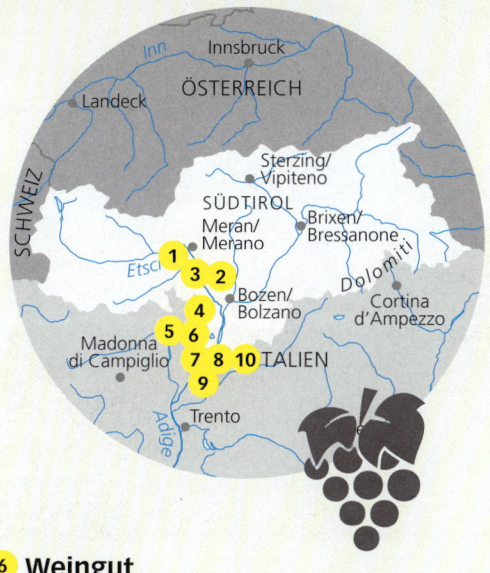

10

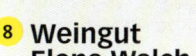

6 Weingut Manincor

Angrenzend an den historischen Ansitz Manincor, wurden die neuen Kellerräume nahezu unsichtbar in den Weinberg gebaut. Nur Verkostungsraum und Verkaufspavillon liegen über der Erde. Dank dem Architektenteam Walter Angonese, Rainer Köberl und Silvia Boday vereinen sich Weinkultur und Baukunst mit einem wunderbaren Blick auf den Kalterer See. Alle Weine werden biodynamisch angebaut. Eine bemerkenswerte Komposition ist der rote „Cassiano" aus Merlot, Cabernet Franc, etwas Syrah und Verdot.

I-39052 Kaltern,
Tel. +39 0471 96 02 30,
www.manincor.com

7 Kellerei Tramin

Auch hier war Architekt Werner Tscholl am Werk: Ein symbolisch aus dem Boden wachsender Rebstock aus grünem Stahl umrankt das Gebäude der Traminer Kellerei komplett. Aus der Vinothek hat man einen fantastischen Blick auf die umliegenden Rebfelder. 270 Weinbauern haben sich der Kellereigenossenschaft Tramin angeschlossen. Viel Lob erhält der Gewürztraminer „Nussbaumer", für den die Region bekannt ist.

Weinstraße 144,
I-39040 Tramin,
Tel. +39 0471 09 66 34,
www.cantinatramin.it

8 Weingut Elena Walch

„Le verre capricieux" – das eigenwillige Glas – nennt sich das moderne Gartenbistro, das der Grödner Architekt David Stufflesser harmonisch in das Ensemble aus Ansitz und Park eingefügt und mit einer gläsernen Fassade großzügig zum Garten hin geöffnet hat. Das Weingut selbst ist ein ehemaliges Jesuitenkloster mit Natursteinkeller. Elena Walch gilt heute als Königin des Südtiroler Qualitätsweins. Die ehemalige Architektin steht auch bei ihren Weinen für eine reduzierte Formensprache.

Andreas-Hofer-Straße 1,
I-39040 Tramin,
Tel. +39 0471 86 01 03,
www.elenawalch.com

9 Kellerei Alois Lageder

Die Natur in die Räume zu integrieren war das Ziel beim Neubau der Kellerei Lageder im historischen Ansitz Löwengang. Große Glasfronten und ein bepflanzter Wintergarten erfüllen ästhetische und klimatische Ansprüche. Dabei wurde auf nachhaltige Bauweise geachtet. Die meisten Lageder-Weine entfalten erst mit den Jahren ihre ganze Klasse, weshalb unter der Marke „Rarum" gereifte Weine aus der Gutsreserve angeboten werden.

Grafengasse 9,
I-39040 Margreid,
Tel. +39 0471 80 95 00,
www.aloislageder.eu

10 Weingut Pfitscher

Unter dem Motto „Tradition wahren, Neues wagen" hat man das Weingut Pfitscher aus der Dorfmitte von Montan mitten in die Weinberge verlegt. Dabei fügt sich die neue Kellerei trotz aller Modernität perfekt in die Landschaft ein. Obendrein wurde das Gut für seine nachhaltige Bauweise als Klimahaus ausgezeichnet. Die Weinmacher der ersten Stunde produzieren einen purpurroten Lagrein Rivus, der von hundert Jahre alten Reben aus den besten Lagen in Neumarkt und Auer stammt.

Dolomitenstraße 17,
I-39040 Montan,
Tel. +39 0471 1 68 13 17,
www.pfitscher.it

Unter Lauben und Trauben

Die Landeshauptstadt Bozen lockt mit architektonischen Kontrasten, bedeutenden Museen und Allwettershopping unter reizvollen Lauben. Wer der Stadt einmal entfliehen will, findet Sommerfrische am Ritten oder im Unterland auf der südlichen Weinstraße.

Bozen

Südtirols Landeshauptstadt (107 000 Einw.) liegt in einem breiten Talkessel, der sich nach Süden hin öffnet, was für sehr warmes, mediterranes Klima sorgt. Dank seiner Lage an der Via Claudia Augusta war Bozen schon früh ein wichtiger Handelsplatz.

SEHENSWERT

Die **Laubengasse** TOPZIEL bietet unter ihren Arkaden bestes Allwettershopping. Sie zieht sich vom **Obstmarkt** in Richtung Osten bis zum Rathausplatz. Zentrum der Altstadt ist der **Waltherplatz** mit dem Denkmal Walther von der Vogelweides und dem gotischen **Dom**, (Mo.–Sa. 10.00–12.00, 14.00–17.00 Uhr). Weithin sichtbar ist der filigrane Kirchturm (62 m). Die an das trutzige Ensemble des Dominikanerklosters (1272) anschließende **Johanneska-**

Rittner Horn; Bozen: Waltherplatz mit dem Dom

pelle zeigt farbenfrohe Fresken (Mitte 14. Jh.), die zu den bedeutendsten Zeugnissen oberitalienischer Wandmalerei gehören.

MUSEEN

Der transparente, nachts leuchtende Kubus des **Museion** TOPZIEL birgt eines der bedeutendsten Museen zeitgenössischer Kunst im Alpenraum (Dantestr. 6, www.museion.it; Di. bis So. 10.00–18.00, Do. bis 22.00 Uhr). Wer Ötzi im **Südtiroler Archäologiemuseum** TOPZIEL in der Sommersaison besuchen will, sollte das Ticket vorab online buchen (Museumstr. 43, www.iceman.it; Di.–So. 10.00–18.00 Uhr).

VERANSTALTUNGEN

Die **Bozner Weinkost** (März) im Schloss Maretsch und das **Genussfestival** (Mai, www.genussfestival.it) in der Altstadt sind kulinarische Highlights. Von Ende Nov. bis 6. Jan. verwandelt sich der Waltherplatz in einen großen **Weihnachtsmarkt** (www.christkindlmarktbz.it).

EINKAUFEN

Edle Parfüms und Kosmetik gibt es bei **Thaler** (Lauben 69, https://thaler.bz.it), schönes Kunsthandwerk führen die **Südtiroler Werkstätten** (Lauben 39, www.werkstaetten.it). Der Outdoorgigant **Salewa** ist mit Shop, Kletterhalle und Bistro an der Autobahnausfahrt Bozen-Süd nicht zu übersehen (Waltraud-Gerbert-Deeg-Str. 4, www.salewa.it).

RESTAURANT

Eine Bozner Institution ist das €€/€€€ **Vögele** (Goethestr. 3, Tel. +39 0471 97 39 38, www.voegele.it; So. geschl.). Traditionsgerichte werden in den Gewölbestuben im Biedermeierlook oder draußen unterm Arkadengang serviert.

HOTEL/RESTAURANT

Einen Kandinsky oder Kokoschka im Zimmer gefällig? Im 1910 erbauten €€€/€€€€ **Parkhotel Laurin** (Laurinstr. 4, Tel. +39 0471 31 10 00, www.laurin.it) gibt es 200 Originale aus dem 20./21. Jh. In der Laurinbar trifft sich die Stadtprominenz bei Jazzmusik oder speist im Restaurant mit Blick in den idyllischen Park. Das seit 1816 bestehende €€€ **Hotel Greif** (Waltherplatz, Tel. +39 0471 31 80 00, www.greif.it) ist heute ein Designhotel. Die stylische Grifoncino-Bar (im Sommer auch auf dem Rooftop) gilt als Hotspot für Cocktails in Bozen.

UMGEBUNG

Bilderburg nennt man **Schloss Runkelstein** (13. Jh.; 4 km nördl.) wegen seiner mittelalterlichen Fresken (www.runkelstein.info; Di.–So. 10.00–18.00, Nov.–Mitte März bis 17.00 Uhr). Der **Ritten** (1221 m; 15 km nordöstl., www.ritten.com) ist am schnellsten mit der Seilbahn vom Bahnhof des Vororts Rentsch zu erreichen (4-Min.-Takt, Fahrzeit 12 Min.). Sehenswert sind die Villen im alpinen Jugendstil in **Maria Himmelfahrt** und **Oberbozen**, wie das €€€ **Park-**

Bizarre Naturwunder

Die **Rittner Erdpyramiden** TOPZIEL sind Lehmsäulen, die aussehen, als würden sie Hüte tragen. Die schlanken, bis zu 30 m hohen, spitz zulaufenden Türme, die auf der Spitze oft einen Stein balancieren, sind gegen Ende der letzten Eiszeit entstanden. Während weicher Moränenschutt allmählich ausgespült wurde, blieben die Lehmpfeiler unter harten Gesteinsbrocken erhalten.

Im Finsterbachgraben auf dem Weg von Lengmoos nach Maria Saal, im Katzenbachgraben unterhalb von Oberbozen und im Gasterergraben in Unterinn; www.ritten.com

hotel Holzner (Dorf 18, Oberbozen, Tel. +39 0471 34 52 31, www.parkhotel-holzner.com), ein Architekturjuwel mit Sternguckerturm. Die Rittner Schmalspurbahn (1908) verkehrt auf dem Hochplateau zwischen Oberbozen und dem Hauptort **Klobenstein**. Das Bergdorf **Jenesien** (12 km nördl., www.jenesien.net) am Südhang des Tschögglbergs, Heimat der Haflinger, bietet viele Reitmöglichkeiten und herrliche Lärchenwälder, die im Herbst golden leuchten. Massagen mit Lärchenöl und beste Aussichten genießt man im €€€€ **Hotel Belvedere** (s. S. 23).

Schloss Sigmundskron (6 km südwestl.) gilt als Symbol der Freiheit; mehr als 30 000 Südtiroler forderten hier 1957 die Autonomie. Heute beherbergt die Anlage das **MMM Firmian**, ein Museum von Reinhold Messner, das die Geschichte des Alpinismus dokumentiert (www.messner-mountain-museum.it; 3. März–So. bis 2. Nov.-So. Fr.–Mi. 10.00–18.00 Uhr).

Mitten im Nirgendwo befindet sich im **Sarntal** (27 km nördl.) auf 1622 m Höhe Heinrich Schneiders von zwei Michelin-Sternen geschmücktes Restaurant €€€€ **Terra** (Prati 21, Sarntal, Tel. +39 0471 62 30 55, www.terra.place; nur abends, So., Mo. geschl.).

Der **Kohlerer Berg** ist ein weiteres Ausflugsziel in luftiger Höhe. Die Bergstation ist mit der ältesten Personenseilbahn der Welt (1908) vom Südosten Bozens in nur 5 Minuten zu erreichen (www.kohlererbahn.it).

INFORMATION

Verkehrsamt der Stadt Bozen,
Südtiroler Str. 60, I-39100 Bozen,
Tel. +39 0471 30 70 00, www.bolzano-bozen.it

Tipp

Wilder Egetmann

Mitten im heidnischen Brauchtum landet, wer in ungeraden Jahren am Faschingsdienstag nach Tramin kommt. Dann treibt der wilde Egetmann-Hansl im Dorf sein Unwesen, bei dem manch Zuschauer mit Mehl oder Ruß beworfen oder auch schon mal in den Dorfbrunnen getaucht wird. Eine Abteilung im Dorfmuseum widmet sich nicht nur an Fasnacht dem Egetmann-Umzug.

„Hoamet" Tramin-Museum, Ostern bis Okt. Di.–Fr. 10.00–12.00, Di., Do. auch 16.00–18.00 Uhr, Rathausplatz 9, www.hoamet-tramin-museum.com

---

② Eppan

Zur Großgemeinde Eppan (14 900 Einw.), mit 940 ha das größte Weinbaugebiet Südtirols, gehören 10 Ortschaften (Hauptort: St. Michael), über 180 Burgen, Schlösser und Ansitze. Die Region um Eppan und Kaltern wird auch Überetsch genannt.

SEHENSWERT

„Dom auf dem Land" heißt die **Pfarrkirche in St. Pauls** (15. Jh./1647) auch, weil sie einen der höchsten Kirchtürme Südtirols besitzt (89 m).

AKTIVITÄTEN

Von St. Pauls führt die **3-Burgen-Wanderung** über Schloss Korb (13. Jh., heute ein Luxushotel) hinauf nach Hocheppan mit der Burgkapelle und ihren prächtigen romanischen Wandmalereien (www.hocheppan.it; Mitte März–Okt. Do.–Di. 11.00–16.00 Uhr) und weiter zur Burgruine Boymont (ca. 6 km, reine Gehzeit ca. 2,5 Std.). An der **Südtiroler Weinstraße** TOPZIEL von Nals bis Salurn kann man auf einer organisierten Weinsafari ausgewählte Weinkellereien erkunden (Tel. +39 0471 86 06 59, www.suedtirolerweinstrasse.it).

INFORMATION

Tourismusverein Eppan, Rathausplatz 1, I-39057 Eppan, Tel. +39 0471 66 22 06, www.eppan.com

③ Kaltern

Neben Häusern aus dem 16. und 17. Jh. im „Überetscher Stil" mit typischen Doppelbogenfenstern, Erkern, Türmchen und Loggien setzt im Stadtbild von Kaltern (8000 Einw.) zeitgenössische Architektur gekonnte Kontraste.

SEHENSWERT

Der verspiegelte Kubus des modernen **Winecenters** am nördl. Ortseingang mit Verkaufs- und Verkostungsraum der Genossenschaftskellerei Kaltern entstand nach Plänen der Wiener Architektengruppe feld 72. Das **Südtiroler Weinmuseum** hingegen ist in der ehemaligen Kellerei Di Pauli in einem alten Gewölbekeller untergebracht (Goldgasse 1, www.weinmuseum.it; April–Mitte Nov. Di.–Sa. 10.00–17.00, So. bis 12.00 Uhr).

Eppan: Bar Zum Mondschein; Schloss Korb, darüber Burg Hocheppan

AKTIVITÄTEN

Größter Natursee Südtirols ist der **Kalterer See** (1,47 km²). Touristisch erschlossen sind hauptsächlich Ost- und Westufer, das Südufer ist verschilft. Neben dem Baden, Ruder- und Tretbootfahren sind Segeln und Windsurfen sehr beliebt. Es gibt auch einen Rundwanderweg.

UMGEBUNG

Von **St. Anton** (1,5 km südwestl.) fährt auf einer 4,5 km langen, abenteuerlichen Trasse die 1903 eingeweihte, wohl steilste Standseilbahn Europas auf den Mendel (1363 m; www.sii.bz.it).

RESTAURANT

Der Ansitz €€€ **Castel Ringberg** (St. Josef am See 1, Tel. +39 0471 96 00 10, www.castelringberg.com) war einst Jagdschloss der Grafen von Tirol; heute gehört er zum erstklassigen Weingut Elena Walch und serviert mediterrane Küche.

UNTERKUNFT

Die Frühstückspension € **Villa Weingarten** (Unterwinkel 24, Tel. +39 0471 188 65 07, www.villaweingarten.it) fügt sich mit 8 hellen Zimmern als langgestreckter, moderner weißer Bungalow passend in die sie umgebenden Weinterrassen.

INFORMATION

Tourismusverein Kaltern, Marktplatz 8, I-39052 Kaltern, Tel. +39 0471 96 31, www.kaltern.com

④ Tramin

Trotz des boomenden Tourismus hat sich Tramin (3380 Einw.) den Charme eines traditionellen Weindorfs bewahrt. Bekannt ist der Ort für seinen bukettreichen weißen Gewürztraminer.

SEHENSWERT

Das kunsthistorische Kleinod Tramins, die Kirche **St. Jakob in Kastelaz** (12. Jh.), liegt oberhalb des Ortes in den Weinbergen. Einzigartig sind die romanischen Fresken (13. Jh.) eines unbekannten Künstlers, die kämpfende Tiermenschen und andere Fabelwesen zeigen (Mitte März bis Mitte Nov. 10.00–18.00 Uhr). Architektonisches Highlight ist das von Stararchitekt Werner Tscholl entworfene Gebäude der Genossenschaftskellerei Tramin am Ortseingang in symbolischer Form eines Rebstocks (s. S. 95).

EINKAUFEN
Bislang einzige Winzerin Südtirols mit höchsten Auszeichnungen ist **Elena Walch** (Andreas-Hofer-Str. 1, Tel. +39 0471 86 01 72, www.elena walch.com). Alles aus der Rebe – viel mehr als nur Wein – macht das Bioweingut von **Othmar Sanin** im 8 km südl. gelegenen Margreid (Bahnhofstr. 6, Tel. +39 335 1 42 04 97, www.sanin.bio).

HOTEL/RESTAURANT
Der trutzige €€/€€€ **Ansitz Romani** (Andreas-Hofer-Str. 23, Tel. +39 0471 86 00 10, www.ansitz romani.com) am Ortsrand beherbergt ein Hotel mit Restaurant und schöner Gartenterrasse. Unter historischen Gewölben aus dem 14. Jh. wird verfeinerte Südtiroler Küche serviert.

INFORMATION
Tourismusverein Tramin, Mindelheimerstr. 10 a, I-39040 Tramin, Tel. +39 0471 86 01 31, www.tramin.com

⑤ Neumarkt/Auer

Der 1189 als „Neuer Markt" vom Bischof von Trient gegründete Ort (5250 Einw.) entwickelte sich dank der Lage an der römischen Handelsstraße Via Claudia Augusta und vielen Privilegien zu einem wichtigen Warenumschlagplatz, zumal die Etsch zu jener Zeit noch schiffbar war.

SEHENSWERT
Die 500 m langen **Lauben** im Ortskern gehören zu den längsten durchgängig erhaltenen in Südtirol. Zudem sind sie kommerziell nicht verschandelt, weshalb Neumarkt gern als historische Filmkulisse genommen wird, z. B. für den Andreas-Hofer-Film (2002) von Xaver Schwarzenberger mit Tobias Moretti. Im Haus Nr. 20 verbrachte der Tiroler Freiheitsheld Andreas Hofer 1810 eine Nacht auf dem Weg nach Mantua, wo er auf Befehl Napoleons erschossen wurde; daran erinnert eine Gedenktafel.

UMGEBUNG
Die **Bletterbachschlucht** bei Aldein (21 km nordöstl.) gilt als der Grand Canyon Südtirols und gehört zum UNESCO-Welterbe. Im Geoparc sieht man nicht nur einen Querschnitt durch Gesteinsschichten, die vor 250 Mio. Jahren entstanden sind, sondern auch Spuren der einst hier lebenden Pflanzen und Tiere (Lerch 40, Aldein, www.bletterbach.info; Mai–Okt. tgl. 9.30 bis 17.00 Uhr, Führung tgl. 10.30 Uhr). Bedeutendster Wallfahrtsort Südtirols ist **Maria Weißenstein** (22 km nordöstl.), das auf einem Hochplateau liegt. Pater des Servitenklosters kümmern sich um den Komplex aus Kirche und Kloster, der auch ein Kongress- und Exerzitienhaus sowie ein Hotel mit Gasthaus umfasst. Sehenswert ist die umfangreiche Sammlung von Votivbildern (17./18. Jh.), die als Dank für erhörte Gebete gestiftet wurden.

INFORMATION
Feriendestination Castelfeder, Hauptplatz 5, I-39040 Auer, Tel. +39 0471 81 02 31, www.castelfeder.info

Bergbauer auf Zeit

DuMont Aktiv

Erst die Kühe melken und die Hühner füttern, dann Käse machen und Brot backen. Doch damit ist der Tag noch lange nicht zu Ende. Draußen muss rasch das Heu eingebracht werden, bevor es zu regnen beginnt. Ein Arbeitseinsatz auf einem Bergbauernhof erspart einem mit Sicherheit jedes Fitnessstudio, denn bei der Heuernte an steilen Berghängen ist Körpereinsatz gefragt. Dafür stählt man seine Muskeln nicht in einem stickigen Trainingsraum, sondern draußen in wunderschöner Berglandschaft und tut dabei noch Gutes.

Die Bergbauernhilfe in Bozen vermittelt regelmäßig Freiwillige für einen Arbeitseinsatz von 10 bis 14 Tagen bei Bergbauern in ganz Südtirol. Dabei handelt es sich um Höfe, deren Betreiber die Arbeit allein nicht mehr stemmen können oder in einer Notlage sind, weil ein erkranktes Familienmitglied länger ausfällt. „Da stecken immer Schicksale dahinter. Ehrenamtliche Helfer werden nicht geholt, um Geld zu sparen. Sie werden dringend gebraucht," sagt Monika Thaler, Koordinatorin bei der Bergbauernhilfe.

Etwa 2400 Freiwillige melden sich jedes Jahr – mehr als 75 Prozent davon sind Deutsche. Sie alle tragen dazu bei, eine typische Kulturlandschaft zu erhalten, in der Bergbauern überlebensfähig bleiben gegenüber der industriellen Landwirtschaft in flachen Regionen. Ganz nebenbei wird oft ein verklärtes Bild vom idyllischen Leben auf dem Bergbauernhof zurechtgerückt.

Traktorfahren ist nicht das Haupteinsatzgebiet. Meistens ist Handarbeit gefragt.

Voraussetzung: Mind. 18 Jahre alt, engagiert, naturliebend; man kann sich auch zu zweit oder als Gruppe anmelden.

Unterkunft: Ein eigenes Zimmer und die Verpflegung werden gestellt; man teilt den Alltag mit der Familie.

Versicherung: Unfall- und Haftpflichtversicherung trägt der Verein.

Einsatzzeit: Mind. eine Woche, vor allem im Juni bis September; aber auch im restlichen Jahr werden Helfer benötigt.

Anmeldung: Formlos per Brief, Mail oder Anruf. Bergbauernhilfe, Verein für Freiwillige Arbeitseinsätze, Leegtorweg 8, I-39100 Bozen, Tel. +39 0471 99 93 09, www.bergbauernhilfe.it

Ein Stück vom Himmel

Schon Bruneck im Zentrum des Pustertals gilt als eine der glücklichsten Kleinstädte des Landes. Bis zum fast überirdisch leuchtenden Pragser Wildsee im Hochpustertal ist es von hier nicht mehr weit, und spätestens bei den schroffen Spitzen der Sextner Dolomiten, allen voran die Drei Zinnen, gibt es dann kein Halten mehr vor Bergglück.

Das knapp zwölf Hektar große Gebiet des Naturparks Drei Zinnen – 1981 als Naturpark Sextner Dolomiten gegründet und seit 2009 Teil des UNESCO-Welterbes – besteht zu fast zwei Dritteln aus Fels und Geröll. Ein Paradies für Alpinisten!

Wie ein in Silber gefasster Smaragd: der Pragser Wildsee oberhalb des Hochpustertals

Irgendwann wird selbst der größte Rabauke zahm. In den Siebzigern noch fäusteschwingender Italowesternheld, lebt Terence Hill in der italienischen TV-Serie „Die Bergpolizei – Ganz nah am Himmel" als Förster Pietro in einem einsamen Bootshäuschen am Pragser Wildsee und werkelt in seiner Freizeit als Holzschnitzer. Was ihn so sanftmütig gemacht hat? Vielleicht das magische Leuchten des Sees, der an seinen Buchten von schroffen Felsen eingefasst ist, wie ein Schmuckstück aus Smaragd und Silber. Die gigantisch schöne Landschaft, die ein bisschen wie ein Stück Kanada mitten in den Alpen wirkt, lockt seit dem Start der TV-Serie viele Fernsehzuschauer an, die mit eigenen Augen sehen wollen, wovon der Film sie die ganze Zeit träumen ließ. Das Wasser des Sees auf 1494 Meter Höhe bleibt auch im Sommer mit rund vierzehn Grad recht kühl. Die meisten Besucher ziehen deshalb eine Rundwanderung oder Bootsfahrt dem Baden vor.

Gore-Tex des Mittelalters

Während der Hochsaison ist am Pragser Wildsee manchmal so viel los, dass nur noch die Flucht in den weitläufigen Naturpark Fanes-Sennes-Prags hilft. Oder man fährt gleich nach Bruneck, das mehrfach zur glücklichsten Kleinstadt

Erste Tage der Freiheit

Das Hotel Pragser Wildsee bekam am Ende des Zweiten Weltkriegs ganz besondere Gäste.

„Ich konnte den Blick nicht von meinem Fenster lösen, von den schneebedeckten Bergen, die sich steil über dem stillen, geheimnisvoll-traurigen See erhoben", schreibt Fey von Hassell in ihren Lebenserinnerungen. Die Tochter des von den Nazis ermordeten Widerstandskämpfers Ulrich von Hassell war soeben dem Tod entronnen, als sie im Mai 1945 im Hotel Pragser Wildsee aus dem Fenster schaute.

Die befreiten SS-Geiseln vor dem Hotel

Zuvor hatte die SS sie und weitere 138 prominente politische Häftlinge aus dem KZ Dachau in den letzten Kriegstagen nach Niederdorf im Pustertal gebracht, um sie als Verhandlungspfand gegenüber den Alliierten einzusetzen. Es handelte sich um Gegner des Hitler-Regimes: Angehörige von Graf von Stauffenberg, Geistliche wie der evangelische Pastor Martin Niemöller, Generäle und hochrangige Politiker, zum Teil mit ihren Frauen und Kindern. Im Befehlswirrwarr kurz vor Kriegsende griff die Deutsche Wehrmacht ein, befreite die Geiseln und brachte sie in ein Quartier, das ihrem gesellschaftlichen Rang angemessen schien – ins Hotel Pragser Wildsee, wo heute ein Zeitgeschichtsarchiv sowie eine Gedenktafel an der hauseigenen Kapelle am See an die Geschehnisse von damals erinnern.

Ganz links: Die Bergila-Latschenölbrennerei in Issing verarbeitet von Hand geerntete Blüten zu Salben, Tinkturen, Tees und Kosmetik.

Oben und ganz oben rechts: Als seinen „15. Achttausender" hat Reinhold Messner sein sechsteiliges Museumsprojekt bezeichnet. Den Abschluss fand es mit dem 2015 auf dem Kronplatz eröffneten MMM Corones, dessen Betonarchitektur sich in 2275 Meter Höhe organisch in die Berglandschaft fügt.

Als „grünes Tal" wird das Pustertal auch bezeichnet. Hier ein Blick von Schloss Sonnenburg bei St. Lorenzen auf den Zusammenfluss von Gader und Rienz.

Das Brunecker Original Toni Mair unter der Eggen, genannt Keschtn-Toni, betreibt am Graben einen modernen Feinkostkiosk.

Fünf Gehminuten entfernt, an der Tielt-Promenade, liegt die Lounge-Bar Waink's (Mitte).

Die im 12. Jahrhundert erbaute Pfarrkirche St. Michael in Innichen im Hochpustertal wurde im 18. Jahrhundert barockisiert. Die Fresken im Innern stammen vom Tiroler Rokokomaler Christoph Anton Mayr (Mitte links).

Brunecks malerische, quirlige Stadtgasse, die Flaniermeile des Pustertals,
ist von Bürgerhäusern aus dem Mittelalter und Barock gesäumt.

Italiens gewählt wurde. Die Gründe dafür sind vielfältig. Im Herzen des Pustertals gelegen, hat sich der Ort schon früh zum kulturellen und wirtschaftlichen Zentrum der Region gemausert.

Michael Pacher, ein Meister gotischer Schnitzaltäre, hatte hier bereits im 15. Jahrhundert seine Werkstatt. Heute engagiert sich der älteste Industriebetrieb der Region sichtbar in der Kunstförderung. Die Tuchfabrik Moessmer stellt Teile ihrer Fabrikhallen gratis als Atelier für Künstler zur Verfügung, die im Gegenzug mit den Stoffen des Unternehmens arbeiten. So kommt es, dass man in der Altstadt auf Sitzbänken mit in Acrylglas eingelassenen, poppig bun-

ten Häkel- und Strickobjekten Platz nehmen kann. Hinter dem eisernen Fabriktor mit dem auffällig geschwungenen Logo atmet das Firmengelände noch den Charme einer Zeit, als Kaiser Franz Josef Jagdanzüge aus grünem Loden von Moessmer trug – ein Stoff, der nicht nur strapazierfähig ist, sondern wasserabweisend, winddicht und gleichzeitig atmungsaktiv. „Loden ist das Gore-Tex des Mittelalters", erklärt Josef Zingerle, Leiter des Controllings, wohl wissend, dass ein derart angestaubtes Image nicht gerade hip und sexy wirkt. Verschmitzt lächelnd öffnet er deshalb in seinem Stoffarchiv alte Holzschubladen und zeigt, was die Firma heute so erfolgreich

macht. Luxuslabels wie Chanel, Prada oder Dolce & Gabbana lassen wegen der hochwertigen Verarbeitung regelmäßig sündhaft teure Haute-Couture-Stoffe bei Moessmer fertigen.

Architektur mit Weitblick
Doch auch die Lodentradition wird bis heute gepflegt – auf höchst moderne Weise. So fährt die Südtiroler Regionalbahn mit Lodenbezügen von Moessmer durchs Land. Und vor der Eröffnung des spektakulären MMM Corones auf dem Kronplatz hüllte man das Alpinismusmuseum komplett in nachtblauen Lodenstoff, als wäre es ein Werk des Künstlers Christo. Das von der Stararchitektin

Zaha Hadid entworfene Gebäude ist das sechste und letzte Messner-Mountain-Museum. Auf dem Gipfelplateau fügt sich die organisch geschwungene, futuristisch anmutende Architektur mit all ihrem Glas, Stahl und Beton harmonisch in die Natur ein, denn sie geht dafür zum großen Teil unter die Erde. Im Innern verbinden drei Sichtachsen das unterirdische Ausstellungsgebäude mit seiner Umgebung. So öffnen große Schaufenster den Blick in die spektakuläre Dolomitenlandschaft oder führen hinaus zur Aussichtsplattform in 2275 Meter Höhe.

Drei-Zinnen-Blick für Faule

Dem magischen Anblick der Drei Zinnen kann sich kaum jemand entziehen. So wunderschön ist das Dreigestirn der Dolomiten, dass viele Besucher mit dem bekannten Postkartenmotiv im Kopf hierher kommen. „Aber wo sind jetzt die Drei Zinnen?", fragt ein japanisches Pärchen. Enttäuscht stehen die beiden am Parkplatz unterhalb der Auronzohütte und ärgern sich, dass sich die markante Felsformation nur völlig unspektakulär von hinten präsentiert. Mindestens anderthalb Stunden müssten sie von hier aus noch gehen, erst dann tauche das bekannte Motiv der Nordwände mit der Drei-Zinnen-Hütte im Vordergrund auf, erklärt ihnen ein Bergführer. Doch so viel Zeit haben die beiden nicht.

Auf der Rückfahrt durchs Höhensteintal erleben sie dann eine Überraschung. Im Weiler Landro passieren sie ein Monument, das man dort in die Landschaft gestellt hat. Es gleicht einem riesigen Fernrohr, durch das sich die Nordwände der Drei Zinnen exakt in den Blick nehmen lassen – der einzige Ort, an dem man das bekannte Bergmassiv quasi vom Auto aus von seiner besten Seite sehen kann. Einheimische nennen den Platz deshalb gern den Drei-Zinnen-Blick für Faule. Hier werden schnell die Handys fürs Selfie gezückt und die Drei Zinnen als Hintergrund so ins Bild gerückt, als wäre man dort gewesen. Perfekt! Die Freunde daheim werden staunen.

Mitte: Den schönsten Blick auf die Drei Zinnen hat man vom Paternkofel. Schon der Aufstieg ist spektakulär (oben und unten) – wie viele Touren in den Sextner Dolomiten.

Das Motiv hat beim Stichwort Dolomiten fast jeder im Kopf: die Nordwände der Drei Zinnen.

Links: Eine typische „Pustertaler Stub", die regionales Essen auf- tischt, ist die Weinstube Mühle in Sexten.

KULTURVIELFALT

La deutsche Vita

*Nach Jahrzehnten leidvoller Unterdrückung versucht sich Südtirol heute
im Miteinander kultureller Vielfalt: drei Sprachen, drei Kulturen, ein Lebensraum.
Da trifft mediterrane Lässigkeit auf deutsche Gründlichkeit
und inzwischen auch auf so manchen Weltbürger.*

Mehrsprachige Schilder und Wegweiser sind in Südtirol
nichts Besonderes, sondern die Regel.

S pielerischer kann man eine fremde Sprache kaum lernen." Wie zum Beweis legt Daniela Zambaldi vom Multisprachzentrum in Bozen eine CD ein. Ladin Pop statt Latin Pop: Die drei Musikerinnen von Ganes singen in Ladinisch, einer vom Aussterben bedrohten Sprache. *„Toma la nëi ..."*, so beginnt ihr Lied. Was das wohl heißt? Im Multisprachzentrum helfen Muttersprachler gern beim Übersetzen: „Der Schnee fällt." Die Kultureinrichtung, die eine Zweigstelle in Meran hat, wird auch von vielen Urlaubern genutzt, denn sie verfügt über eine Multimediabibliothek mit 18 000 Titeln. Darunter die mehrfach ausgezeichnete Dokumentation „Verkaufte Heimat", die anhand des Schicksals verschiedener Familien die schwierige historische Entwicklung Südtirols zwischen 1938 und Mitte der 1960er-Jahre zeigt.

Zur Wahl gezwungen

Heute sieht sich das Land als Schmelztiegel kultureller Vielfalt, doch es war ein weiter Weg bis dahin. Seit das zur untergegangenen österreichisch-ungarischen Monarchie zählende Tirol 1919 geteilt und Südtirol Italien zugesprochen wurde, drehte sich alles um die verlorene Autonomie. Nach dem Verbot der deutschen Sprache, Zwangsnamensänderungen und Zuwanderungen aus Italien verschärfte sich der Konflikt im Zweiten Weltkrieg. Deutschsprachige Südtiroler wurden vor die Wahl gestellt, nach Deutschland, in die besetzten Ostgebiete, umzusiedeln oder die Italienisierung zu akzeptieren. Der Streit darüber zerrüttete viele Familien.

Den erweiterten Status als autonome Provinz erhielt Südtirol erst 1972. Heute bedeutet das zum Beispiel, dass öffentliche Stellen proportional nach Sprachgruppen besetzt werden. Und das bei insgesamt nur 520 000 Südtirolern, von denen, statistisch gesehen, 69 Prozent Deutsch sprechen, 26 Prozent Italienisch und fünf Prozent Ladinisch. Das schlägt sich bis hin zu Verkehrsschildern und Speisekarten nieder, die häufig dreisprachig sind. Die 1997 gegründete Universität Bozen war eine der ersten in Europa mit dreisprachigem Unterricht.

sprachlounge

caffè delle lingue

An den ersten drei Diens-
tagen im Monat lädt die
Sprachlounge in Bozen
zum ungezwungenen
Fremdsprachensprechen
ein – mal im Papperlapapp,
mal in der italienischen
Landesbibliothek Claudia
Augusta im Kulturzentrum
Trevi.

Konzentriertes Arbeiten im Multisprachzentrum und ungezwungener Austausch
in der Papperlapapp-Sprachlounge

Vielfalt, die sich auszahlt

Aus einem kleinen, isolierten, armen
Bauernvölkchen ist längst eine Region geworden, in der schon die Kinder in der Schule mehrere Sprachen
lernen. Auch im Bozner Sprachcafé
Papperlapapp treffen sich Jugend-
liche gern zum Sprachenaustausch.
Hier ist der Name Programm: Keiner
muss Angst haben, Fehler zu machen,
schließlich gehören Missverständ-
nisse zum Alltag. „Die Grenzen mei-

ner Sprache sind die Grenzen meiner
Welt", erkannte schon der Philosoph
Ludwig Wittgenstein. Deshalb will
man mit der Mehrsprachigkeit heute
vor allem auch das Verständnis für
unterschiedliche Kulturen fördern.

Reinhold Messner beispielsweise
wird nicht müde, Südtirol als posi-
tives Beispiel für Europa ins Feld zu
führen; als Option, auch in schwieri-
gen Zeiten zu bestehen, wenn man
sich als Gemeinschaft fühlt. Wer in
Südtirol lebt, weiß, dass alpine Boden-
ständigkeit und mediterrane Lebensart keine Gegensätze sind, sondern
eine einzigartige Vielfalt ergeben, für
die man im Ausland bewundert wird.

Doch kulturelle Autonomie ist nur
das eine. Ohne wirtschaftliche Un-
abhängigkeit wären Südtirols Unter-
nehmen nie so erfolgreich geworden.
Etwa achtzig Prozent seiner Steuer-
einnahmen darf das Land in seine eigene Wirtschaft reinvestieren, sodass
das Pro-Kopf-Einkommen seiner Bür-
ger inzwischen um fünfzig Prozent
über dem italienischen Landesdurch-
schnitt liegt.

Digitale Nomaden

Auch in Südtirol gibt es eine neue
Sehnsucht nach Heimat, die viele Ge-
sichter hat: von Hirschgeweihen auf
Lifestyleprodukten bis hin zu alten
Gemüsesorten in der Küche. „Die Südtiroler sind ein Bauernvolk, das speist
man nicht mit Utopien", sagt Letizia
Ragaglia. Im Bereich Kulturvermitt-
lung leitet die Direktorin des Bozner
Museion regelmäßig Workshops für
junge Menschen und hat dabei festge-
stellt, dass sich deren Heimatbegriff
heute stark verändert hat. „Als digi-
tale Nomaden nehmen sie sich von
jeder Kultur nur das, was ihnen in
den Kram passt." Obendrein sammeln
junge Südtiroler Erfahrungen im
Ausland. Und anders als früher kehren sie glücklicherweise zurück und
bereichern so das Land mit neuen
Ideen. Heutzutage liegt es an jedem
selbst, ob er neben seinem regionalen
Selbstverständnis auch die Chance
der kulturellen Vielfalt ergreift und
bereit ist, über den Rand seines Tales
hinauszuschauen, sich vielleicht gar
als Weltbürger zu fühlen. Viele junge
Südtiroler tun genau das.

Adressen für kulturelle Vielfalt

. . . .

Das **Multisprachzentrum** ist Teil des Kulturzentrums Trevi:
Kapuzinergasse 28, Bozen, Tel. +39 0471 30 34 03

Zum Multisprachzentrum gehört die **Sprachenmediathek Meran**:
Sandplatz 10, Tel. +39 0473 25 22 64, www.provinz.bz.it

Das **Sprachcafé Papperlapapp** sitzt im Bozner Jugendzentrum:
Pfarrplatz 24, Tel. +39 0471 05 38 53, www.papperla.net

In der Provinz Bozen fördert das **Istitut Ladin Micurá de Rü**
in St. Martin in Thurn die ladinische Sprache und Kultur (s. S. 62).

Die Bibliothek des Multi-
sprachzentrums Bozen
hält 18000 Medien bereit,
darunter auch viele Zeit-
schriften, und versteht
sich als multikultureller
Treffpunkt.

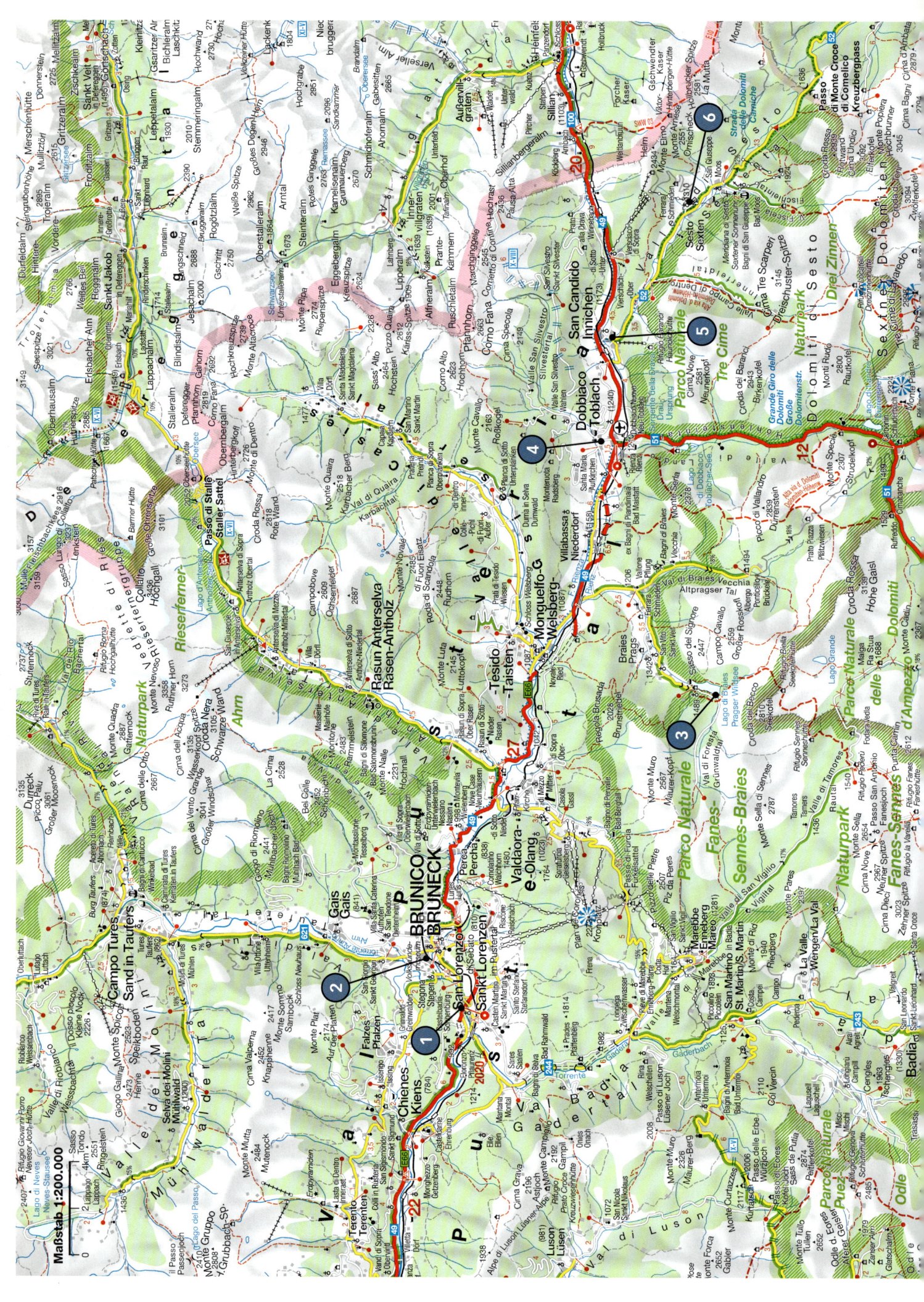

Grünes Tal mit hohen Wänden

Waren schon die historischen Wurzeln des Pustertals bajuwarischer Natur, so strebt das Tal, anders als die großen Täler Südtirols, auch noch als einziges in Richtung Osten. Landschaftliche Vielfalt ist dabei garantiert, denn Wiesen und Wälder treffen direkt auf die schroffen Spitzen der Sextner Dolomiten.

1 St. Lorenzen

Von der römischen Siedlung Sebatum in St. Lorenzen (3870 Einw.) sind Grundmauern erhalten, Fundstücke werden im **Archäologiemuseum Mansio Sebatum** gezeigt (Josef-Renzler-Str. 9, www.mansio-sebatum.it; Juli/Aug. Mo.–Sa. 9.00 bis 13.00, 15.00–18.00, sonst Mo.–Fr. 9.00–12.00, 15.00–18.00 Uhr, Sa. nur vorm.). Stattliche alte Häuser zeugen im Ort davon, dass die schon von Weitem zu sehende Kloster- und Burganlage der **Sonnenburg** (heute Hotel) als ehemalige Missionsstation für die Christianisierung des Pustertals eine wichtige Rolle spielte.

UNTERKUNFT
Schon im Burghof von €€€€ **Schloss Sonnenburg** (Tel. +39 0474 47 99 99, www.sonnenburg.com) duftet es nach Heilkräutern aus den wiederhergestellten Apothekergärten des Klosters. Man wandelt durch gotische Bogengänge, schläft in Fürstenzimmern, genießt den schönen Park mit Pool oder Wellness unter Kreuzgewölben.

INFORMATION
Tourismusverein St. Lorenzen, Josef-Renzler-Str. 9, I-39030 St. Lorenzen, Tel. +39 0474 53 81 96, www.gemeinde.stlorenzen.bz.it

Tipp

Im Speckhimmel

Die historische Stadtgasse Brunecks zählt zu den beliebtesten Einkaufsstraßen des Landes. Umso verlockender, wenn es hier in einen Gewölbekeller hinuntergeht, wo der ganze Himmel voll Speck hängt, den man auch noch probieren darf. Während oben im Ladengeschäft von Tito fleißig Schinken, Speck und Käse verkauft werden, erfährt man unten im Speckmuseum etwas über Herstellung, richtige Schneidetechnik und optimale Lagerung.

Stadtgasse 55 a, I-39031 Bruneck, Tel. +39 0474 55 50 78, www.titospeck.it

Kronplatz: MMM Corones; Burg Taufers am Eingang des Ahrntals: Ritterrüstung; Bruneck: Werksverkauf der Tuchfabrik Moessmer

2 Bruneck

Bruneck (16 300 Einw.) ist nach dem Brixner Bischof Bruno benannt, der die Stadt 1250 gründete, um den Tiroler Fürsten im nahen St. Lorenzen Paroli zu bieten. 1870 kamen mit der Eisenbahn die ersten Touristen ins Pustertal, dessen Zentrum Bruneck heute ist, mit viel mittelalterlichem Charme in belebten Gassen.

SEHENSWERT
Durch das mit Fresken geschmückte Ursulinentor beim gleichnamigen Kloster gelangt man in die **Altstadt**. Lauben gibt es hier keine, dafür lässt sich in der Stadtgasse, einer der schönsten Flaniermeilen des Landes, Sightseeing mit Shoppen verbinden. Im Doppelhaus Nr. 29 hatte der Maler und Bildhauer Michael Pacher ab 1435 seine Werkstatt. Auf Schloss Bruneck ist das Messner Mountain Museum **MMM Ripa** eingezogen (Schlossweg 2, www.messner-mountain-museum.it; 2. So. im Mai–Okt. Mi. bis Mo. 10.00–18.00, Dez.–April ab 12.00 Uhr), das die Lebensweise der wichtigsten Bergkulturen der ganzen Welt zeigt. Die **Tuchfabrik Moessmer** am südöstl. Stadtrand stattete schon Kaiser Franz Josef mit Loden aus (Fabrikführungen und Ladenverkauf: Walter-von-der-Vogelweide-Str. 6, Tel. +39 0474 53 31 11, www.moessmer.it).

UMGEBUNG
Hausberg der Region ist der **Kronplatz** (2275 m, www.kronplatz.com, www.dolomitisuperski.com), ein beliebtes Wander- und Wintersportrevier. Architektonische Attraktion auf dem Gipfelplateau ist das futuristisch anmutende **MMM Corones** TOPZIEL, entworfen von Zaha Hadid. Das Museum zeigt 250 Jahre Alpinismusgeschichte (www.messner-mountain-museum.it; 1. Sa. im Juni–2. So. im Okt., Dez.–Mitte April tgl. 10.00 bis 16.00 Uhr). Architektonisch interessant ist wegen seines freischwebenden Glasbodenpools auch das €€€ **Hotel Hubertus** in Olang (14 km südöstl.; s. S. 23). Im **Volkskundemuseum Dietenheim** (2 km nordöstl.), einem der schönsten Freilichtmuseen Südtirols mit Bauernhäusern aus allen Landesteilen, werden alte Handwerkstechniken lebendig (Herzog-Diet-Str. 2,, www.volkskundemuseum.it; Ostermontag–Okt. Di. bis Sa. 10.00–17.00, So., Fei. 14.00–18.00 Uhr, Aug. auch Mo.).

INFORMATION
Bruneck Kronplatz Tourismus, Rathausplatz 7, I-39031 Bruneck, Tel. +39 0474 55 57 22, www.kronplatz.com/de/bruneck

③ Pragser Wildsee

Bereits vor mehr als 150 Jahren gehörten Niederdorf und das Hochpustertal zu den Pionierregionen des Fremdenverkehrs. Eine wichtige Rolle spielte die Eröffnung der Ampezzaner Straße 1833, die erstmals Venedig mit Deutschland verband, und der Bau der Pusteraler Bahn von Lienz nach Franzensfeste. Die feinen Sommergäste reisten gern im reservierten Erste-Klasse-Coupé an. Vor allem die Wirtin Emma Hellenstainer (1817–1904) trieb die Tourismusentwicklung voran. Sie erkannte früh die Bedeutung des Bergsteigens und wurde 1869 als erste Frau in den Alpenverein aufgenommen.

SEHENSWERT

Der **Pragser Wildsee** TOPZIEL gilt wegen seiner einzigartigen Lage und der intensiven Farbe als „Perle der Dolomitenseen". Im Hochsommer ist deshalb auf dem Wanderweg (4 km) um den See viel los. Ruhiger wird es, wenn man sich am Hotel Pragser Wildsee ein Ruderboot mietet.

UNTERKUNFT

Durch die Räume im €€€ **Hotel Pragser Wildsee** (St. Veit 27, Prags, Tel. +39 0474 74 86 02, www.pragserwildsee.it; Zeitgeschichtsarchiv: www.archivpragserwildsee.com) weht noch

---

Tipp

Nördlichster Talschluss

Im Tauferer Ahrntal, dem nördlichsten Tal Südtirols, gilt der Talschluss in Kasern (40 km nordöstl. von Bruneck) als einer der schönsten des Landes. Mystisch ist das Tal obendrein. Beim Waldnersee handelt es sich um einen „brüllenden See", der Unwetter ankündigt, und das Heiliggeist-Kirchlein birgt ein zerschossenes Kruzifix, an dessen Christusfigur der Sage nach ein Schütze seine Treffsicherheit erprobte und starb. Ein hinter der Kirche aufragender Felsen schützt den Wallfahrtsort vor Lawinen, und wer sich durch den engen Felsspalt zwängt, kann damit angeblich seine Sünden abstreifen.

www.gemeinde-ahrntal.net

Sexten: Josef Holzer, seit über 70 Jahren Schuster in Moos; Toblach: Luxusboutique Franz Kraler, Naturparkhaus Drei Zinnen

immer die Aura des einstigen Grandhotels. 1897 vom Sohn der Tourismuspionierin Emma Hellenstainer direkt am See erbaut, ist vieles bis heute im Originalzustand erhalten.

UMGEBUNG

Ab Welsberg beginnt das lang gezogene **Gsieser Tal** (www.gsieser-tal.com), ein Seitental des Pustertals, das nach 22 km am Gsieser Törl endet. Im Tal leben auch heute noch mehr Kühe als Menschen (2000 Einw.), schließlich gilt es als Tal der vielen Almen. Wiesen und stattliche Bauernhöfe prägen das noch ursprüngliche Landschaftsbild. Fast schon im Talschluss liegt das €€€€ **Hotel Quelle** (Magdalenastr. 4, Gsieser Tal, Tel. +39 0474 94 81 11, www.hotel-quelle.com). Im 3000 m² großen Wellnessbereich gibt es 10 Themensaunen und eine Schneegrotte, in der man sich auch im Sommer mit Eis erfrischen kann. Über runden Suitenbetten sorgt ein sanft leuchtender Sternenhimmel für wohliges Einschlafen.

INFORMATION

Tourismusverein Niederdorf, Bahnhofstr. 3, I-39039 Niederdorf, Tel. +39 0474 74 51 36, www.hochpustertal.info

④ Toblach

Das Toblacher Feld (1222 m) ist der höchste Punkt des Pusterer Talbodens. Über den unscheinbaren Sattel verläuft die Grenze zwischen Italien und Österreich. Dank seiner Lage am alten Handelsweg Strada d'Alemagna machte Toblach schon im Mittelalter gute Geschäfte, denn die Straße verband die Wirtschaftszentren Venedig und Augsburg. Prominentester Toblachurlauber war Gustav Mahler, dem heute Musikwochen gewidmet sind.

SEHENSWERT

Der imposante Bau des ehemaligen **Grandhotels** erinnert an die große Zeit Toblachs als Reiseziel für die Sommerfrische. In der 1878 eröffneten Nobelherberge stieg der europäische Hochadel ab, darunter der deutsche Kronprinz Friedrich Wilhelm und König Albert

---

von Sachsen. Im Speisesaal, in dem einst Gustav Mahler mit Richard Strauss speiste, machen sich heute Rucksacktouristen breit, denn das Grandhotel ist zur Jugendherberge mutiert. Unter demselben Dach finden sich das Toblacher Kulturzentrum und das **Naturparkhaus Drei Zinnen** (Dolomitenstr. 37, http://naturparks.provinz.bz.it; Jan.–Okt. Di.–Sa. 9.30–12.30, 14.00–18.00, Juli/Aug. auch So. sowie Do. bis 22.00 Uhr).

VERANSTALTUNG

In dem Gustav Mahler gewidmeten Konzertsaal des ehemaligen Grandhotels finden seit 1981 die **Gustav-Mahler-Musikwochen** statt (Mitte Juli–Anfang Aug.; www.gustav-mahler.it).

RESTAURANT

Im Garten des ehemaligen Grandhotels beherbergt ein ungewöhnlicher Glaskubus mit nur 16 Sitzplätzen das Gourmetlokal €€€€ **Tilia** (Dolomitenstr. 31 b, Tel. +39 0335 8 12 77 83, www.tilia.bz). Chefkoch Chris Oberhammer, der 2001 seinen ersten Michelin-Stern erhielt, gestaltet in seiner Freizeit Bilder und Skulpturen, die im Restaurant zu sehen sind.

UMGEBUNG

In Toblach zweigt die Zufahrtsstraße zum **Höhlensteintal** ab. Zwischen Toblacher und Dürrensee liegt in **Landro** (7 km südl.) der Aussichtspunkt Drei-Zinnen-Blick. Von hier aus kann man die legendären Nordwände schon mal perfekt ins Visier nehmen.

INFORMATION

Tourismusverein Toblach, Dolomitenstr. 3, I-39034 Toblach, Tel. +39 0474 97 21 32, www.drei-zinnen.info

 Innichen

Die vielen Kirchen und Kapellen des alten Klosterortes (3300 Einw.) werden überragt von der zackigen Bergkette der Sextner Dolomiten. Der **Dom von Innichen** gilt als bedeutendster romanischer Sakralbau in den Ostalpen. Glanzstück ist die stilistisch strenge Kreuzigungsgruppe (1250) im Altarraum. Der Domschatz wird im **Stiftsmuseum** neben der Kirche gezeigt (Atto-Str. 3, Tel. +39 0474 91 32 78; Juni bis Sept. Di.–Sa. 14.00–19.00 Uhr). Am westl. Stadtrand liegt das **Außerkirchl** (17. Jh.), drei ineinander verschachtelte Kapellen mit Nachbildungen der Altöttinger Gnadenkapelle und der Grabeskirche in Jerusalem.

INFORMATION
Tourismusverein Innichen, Pflegplatz 1, I-39038 Innichen, Tel. +39 0474 91 31 49, www.innichen.it

6 Sexten

Der Ort (1890 Einw.) ist als das Dorf der Bergführer bekannt. Bereits 1869 bestieg der Sextner Gamsjäger Franz Innerkofler mit einem Gast erstmals die Große Zinne.

MUSEUM
Im Ersten Weltkrieg lag Sexten unmittelbar an der Dolomitenfront. Heute vermittelt das Museum **Bellum Aquilarum** einen Einblick in das Geschehen (Kirchweg 9, www.bellumaquilarum.it; freier Eintritt in die Ausstellung; Mitte Juni–Ende Sept. kostenlose geführte Wanderungen: Tel. +39 0474 71 22 44).

AKTIVITÄTEN
Das **Sextental**, ein Seitental des Pustertals, führt von Innichen südöstl. in die Dolomiten. Im Tal liegen die Orte Sexten und Moos, wo das **Fischleintal** (autofrei) Richtung Süden abzweigt. Hier hat man beim Wandern einen guten Blick auf die berühmte **Sextner Sonnenuhr**, deren Berggipfel je nach Stand der Sonne die Uhrzeit anzeigen: Neuner, Zehner, Elfer, Zwölfer und der Einserkofel. Vom Fischleintal gibt es auch einen guten Zugang zu den **Drei Zinnen TOPZIEL**, dem magischen Dreigestirn aus Kleiner (2857 m), Großer (2999 m) und Westlicher Zinne (2973 m).

UNTERKUNFT
Das Kurhotel €€€€ **Bad Moos** (Fischleintalstr. 27, Tel. +39 0474 71 31 00, www.badmoos.it) direkt am idyllischen Eingang ins Fischleintal nutzt das heilkräftige Wasser einer eigenen Schwefelquelle, die hier schon seit 1765 sprudelt. Im 2500 m² großen Wellnessbereich gibt es neben Trinkkuren auch diverse Schwefelbäder im Holzzuber. Außerdem werden Pferde- und Kutschfahrten in die Umgebung angeboten.

INFORMATION
Tourismusverein Sexten, Dolomitenstr. 45, I-39030 Sexten, Tel. +39 0474 71 03 10, www.sexten.it

DuMont Aktiv

Genießen   Erleben   Erfahren

Drei auf einen Streich

Pinguinparade nennen die Bergführer die Ankunft am Paternsattel. Denn hier reihen sich regelmäßig alle Wanderer wie die Pinguine auf, um nach über einer Stunde Gehzeit endlich den ersten fantastischen Blick auf die schöne Nordseite der Drei Zinnen zu genießen. Sie formen das markanteste Bild der Dolomiten: drei aufeinanderfolgende, wie Reißzähne aufragende Felsen.

Ihre Umrundung zählt zu den attraktivsten Wandertouren in den Dolomiten, denn auf dem relativ flachen Hochplateau ist sie auch für Familien gut zu bewältigen. Bergeinsamkeit darf man hier im Sommer nicht erwarten. Bis zu 2000 Besucher täglich pilgern zur Dreizinnenhütte.

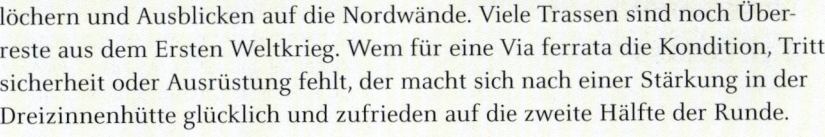

Auf Geübte warten dort Klettersteige am Paternkofel – pittoreske Felstunnel mit fantastischen Gucklöchern und Ausblicken auf die Nordwände. Viele Trassen sind noch Überreste aus dem Ersten Weltkrieg. Wem für eine Via ferrata die Kondition, Trittsicherheit oder Ausrüstung fehlt, der macht sich nach einer Stärkung in der Dreizinnenhütte glücklich und zufrieden auf die zweite Hälfte der Runde.

Anfahrt: über den Misurina-See (mautpflichtig, 25 €) bis zum Parkplatz Auronzohütte
Umrundung: über Lavaredohütte, Paternsattel, Dreizinnenhütte, Langalm, Auronzohütte
Streckenlänge: ca. 9 km, reine Gehzeit ca. 4 Std., Höhenunterschied ca. 500 m

Klettersteig am Paternkofel: nur mit Steigset, Helm und Stirnlampe
Organisierte Touren: Alpinschule Drei Zinnen, Dolomitenstr. 45, I-39030 Sexten, Tel. +39 0474 71 03 75, www.alpinschule-dreizinnen.com

Besondere Winteraktivitäten

Let it snow!

Mit seinen Gebirgslandschaften und herrlichen Hochplateaus eignet sich Südtirol im Winter nicht nur zum klassischen Skifahren. An der frischen Luft kann man hier gemächlich oder sportlich unterwegs sein. Und wem es in freier Natur gefällt, der darf sogar im Iglu übernachten.

① Auf Schlittschuhen um die Dorfkirche

Der einsam im Reschensee stehende Kirchturm des versunkenen Dorfes Alt-Graun ist an sich schon kurios. Im Winter kann man ihn sogar auf Schlittschuhen umrunden. Im Januar und Februar ist der zugefrorene Reschensee ein beliebtes Ziel der internationalen Eisschnelllaufszene. Urlauber und andere Eislaufamateure können es den Profis nachtun. Schlittschuhe sind vor Ort auszuleihen.

Tourismusverein Reschenpass, Hauptstraße 61, I-39020 Graun, Tel. +39 0473 63 31 01, www.reschenpass.it

② Langlaufen am Gletscher

Im Schnalstal kann man langlaufen wie die Profis, die gern im Gletscherskigebiet trainieren. Die 5 bis 10 km lange Hochjoch-Loipe auf rund 3000 m Höhe ist als einzige in Südtirol oft schon ab September geöffnet. Mit dem speziellen Langlaufticket fahren Wintersportler mit der Gletscherbahn und dem Sessellift Grawand direkt bis zur Höhenloipe.

Tourismusverein Schnalstal, Karthaus 42, I-39020 Schnalstal, Tel. +39 0473 67 91 48, www.schnalstal.it

③ Eisklettern

Im hinteren Passeiertal steht eine der größten und spektakulärsten Eiskletteranlagen Europas. Der 25 m hohe Eisturm Rabenstein ist für Profis wie Anfänger geeignet. Bis zu 18 Sportler können hier gleichzeitig klettern. Von Mitte Dezember bis Ende Februar herrschen für das Eisklettern in Südtirol die besten Bedingungen. Die nötige Ausrüstung kann vor Ort ausgeliehen werden.

Eisturm Rabenstein, Rabenstein 22/A, I-39013 Moos in Passeier, Tel. +39 348 7 56 23 62, www.eisklettern.it

④ Rodeln unterm Sternenhimmel

Kribbeln im Bauch ist garantiert, wenn man im fahlen Mondlicht auf Talfahrt durch die Landschaft rauscht. An Vollmondwochenenden bringt die Kabinenbahn in Reinswald im Sarntal Rodelbegeisterte jeweils von 19.00 bis 21.30 Uhr auf die Pichlberg-Alm auf 2150 m Höhe, zum Start der 4,5 km langen familienfreundlichen Naturrodelbahn. Holzschlitten können beim Skiverleih Reinswald an der Talstation geliehen werden (www.ski reinswald.com).

Tourismusverein Sarntal, Kirchplatz 9, I-39058 Sarnthein, Tel. +39 0471 62 30 91, www.sarntal.com

⑤ Mit dem Pferdeschlitten zum Candle-Light-Dinner

In weiche Decken gehüllt und von einer Tasse Glühwein gewärmt, geht es von Compatsch mit einer romantischen Pferdeschlittenfahrt über die tief verschneite Seiser Alm bis hinauf zur Gostner Schwaige. Dort erwartet Haubenkoch und Hüttenwirt Franz Mulser die Gäste mit einem Candle-Light-Dinner. Zum Abschluss geleiten Fackeln auf dem Rückweg.

Tourismusverband Seiser Alm, Dorfstraße 15, I-39050 Völs am Schlern, Tel. +39 0471 70 96 00, www.seiseralm.it

6 Tourengehen vor Dolomiten- kulisse

Unterwegs in der Weite von Europas größter Hochalm, die Dolomitengipfel vor Augen, das ist einzigartig. Auf Skiern bahnen sich Tourengeher ihren Weg durch die zauberhafte Winterlandschaft der Seiser Alm. Für Tiefschnee-Feeling sollte man unbedingt an einer geführten Tour teilnehmen. Ein Lawinen-Verschütteten-Set ist auch bei leichten Exkursionen Pflicht.

Alpenverein Südtirol AVS,
Giottostraße 3,
I-39100 Bozen,
Tel. +39 0471 97 81 41,
www.alpenverein.it

7 Gourmet- Skisafari

Vor der einmalig schönen Dolomitenlandschaft Ski fahren und sich von Gourmetkoch zu Gourmetkoch schlemmen – so macht Hüttenhopping richtig Spaß. Bei einer gastronomischen Skisafari verwöhnen Gourmetköche aus Alta Badia zusammen mit Kollegen aus anderen italienischen Regionen von Dezember bis April die Besucher verschiedener Skihütten mit eigens kreierten Gerichten.

Tourismusverein St. Kassian,
Strada Micurà de Rü 26,
I-39036 St. Kassian,
Tel. +39 0471 84 94 22,
www.altabadia.org

8 Eine Nacht im Iglu

Sobald die Pistenraupen Feierabend machen, wird es still und einsam auf dem Speikboden in 2000 m Höhe. Für eine romantische Nacht im Iglu liegen dann dicke Schaffelle, mollige Schlafsäcke und Wärmflaschen bereit. Davor kann man in der Mountain-Sauna ein Bad im Holzzuber nehmen und ein mehrgängiges Menü im Restaurant der Bergstation genießen.

Kreaktiv KG,
Von-Ottenthal-Weg 2,
I-39032 Sand in Taufers,
Tel. +39 0474 77 14 89,
www.kreaktiv.it

9 Erste Spuren im Schnee

Schöner kann der Skitag nicht beginnen, als wenn man seine Schwünge als Erster auf noch unberührtem Untergrund ziehen darf. Schon ab acht Uhr surren die Gondeln am Klausberg in Richtung Schneehimmel. Ein Lehrer der Skischule Klausberg (Kronplatz) begleitet die exklusive Runde zu den schönsten Abfahrten bis auf 2500 m Höhe. Die Teilnehmer sollten rote Pisten bewältigen können. Anschließend geht es zum Frühstück in die Kristallalm.

Skiarena Klausberg,
Enz Schachen 11,
I-39030 Steinhaus/Ahrntal,
Tel. +39 0474 65 21 55,
www.skiworldahrntal.it

10 Im Heißluft- ballon über die Dolomiten

Über die malerischen Dolomiten des Hochpustertals hinwegzuschweben ist ein wirklich atemberaubendes Abenteuer. Eine sogenannte Weitfahrt in extremer Höhe mit Panoramaaussicht auf die Dolomitenformationen ist nur im Winter möglich. Während des Balloonfestivals im Januar finden in Toblach eine Woche lang täglich Ballonfahrten statt.

ASV Dolomiti Balloonfestival, Pustertalerstraße 15,
I-39034 Toblach,
Tel. +39 0474 97 21 32,
www.balloonfestival.it

Seilbahn zum Rittner Horn; Passerpromenade in Meran; Waltherplatz in Bozen

Service

Wie komme ich hin? Welches Wetter erwartet mich? Wann ist Hauptsaison? Viele dieser praktischen Informationen sowie Wissenswertes über Land und Leute haben wir hier von A bis Z für Sie zusammengestellt.

Anreise

Mit dem Auto: Die bekannteste Route von Deutschland nach Südtirol führt über die Autobahnen A 8/A 93 München–Innsbruck–Brenner nach Bozen. In Österreich und Italien sind Autobahnen mautpflichtig. Auf der Brennerautobahn kostet der Abschnitt Schönberg–Brenner (Europabrücke) extra Maut. Aus dem westlichen Österreich gelangt man am besten über den ganzjährig befahrbaren Reschenpass nach Südtirol. Kommt man aus dem östlichen Österreich, empfiehlt sich die Fahrt über Lienz und weiter auf der E 66 über Winnebach und das Pustertal nach Brixen. Von der Schweiz gelangt man über Müstair und Taufers im Münstertal nach Südtirol.

Mit der Bahn: Von Norden her kann man mit der Bahn über zwei Grenzübergänge nach Südtirol einreisen: über den Brenner oder – aus Richtung Lienz (Österreich) – über Innichen. Autoreisezüge bedienen in der Sommersaison von Mai/Juni bis Oktober einmal wöchentlich die Strecken Hamburg–Verona und Düsseldorf–Verona, jeweils mit Stopps in Bozen (www.urlaubs-express.de). Auch in Österreich verkehren an Sommerwochenenden Autozüge von Wien in Richtung Italien.

Mit dem Bus: In den vergangenen Jahren hat sich auch ein Netz an preisgünstigen Busfernverbindungen entwickelt. So fährt z. B. Flixbus mehrmals täglich von München, Berlin oder Innsbruck nach Sterzing, Bozen und Meran (www.meinfernbus.de).

Mit dem Flugzeug: Nächstgelegene Flughäfen sind Innsbruck, Verona und Mailand. Der Regionalflughafen Bozen wird zurzeit nur innerhalb Italiens angeflogen (www.bolzanoairport.it).

Auskunft

Der Tourismusdachverband **IDM**, Innovation Development Marketing Südtirol, informiert zu allen Orten und Tälern (Pfarrplatz 11, I-39100 Bozen, Tel. +39 0471 09 40 00, www.suedtirol.info).

Autofahren

Neben den in Europa üblichen Verkehrsvorschriften gibt es in Italien einige Besonderheiten. Auf Autobahnen und Schnellstraßen muss man tagsüber mit **Abblendlicht** fahren. Das **Tempolimit** liegt innerorts bei 50 km/h, außerorts für Pkw, Motorräder sowie Wohnmobile bis 3,5 t bei 90 km/h, auf Schnellstraßen (zwei Spuren pro Richtung) 110 km/h, auf Autobahnen 130 km/h; für Lkw und Wohnmobile über 3,5 t außerorts und auf Schnellstraßen 80 km/h und auf Autobahnen 100 km/h; für Pkw mit Anhänger außerorts und auf Schnellstraßen 70 km/h, auf Autobahnen 80 km/h. Auf der **Brennerautobahn** besteht ein generelles Limit von 110 km/h. Wer zu schnell fährt, muss mit hohen Geldstrafen rechnen. Privates Abschleppen auf Autobahnen ist verboten. **Pannenwesten** sind Pflicht. Die **Promillegrenze** liegt bei 0,5. Bei Totalschaden ist der Zoll zu verständigen, da sonst u. U. für das Fahrzeug Einfuhrzoll bezahlt werden muss. Auf den **Passstraßen** können schon im Herbst bzw. noch im Frühling Verhältnisse herrschen, die Winterausrüstung erfordern. Über die Befahrbarkeit der Pässe informieren Automobilclubs sowie Hinweistafeln an den großen Zufahrtsrouten. Die Straße über das Timmelsjoch und die Stilfserjochstraße sind mautpflichtig (www.greenpass.bz.it).

Unentgeltliches **Parken** ist in Städten und größeren Orten fast unmöglich. Kostenpflichtige Parkplätze sind mit blauer Farbe gekennzeichnet, weiß umrandete Parkplätze sind Anwohnern vorbehalten. Ein 24-Std.-Ticket in einer Tiefgarage im Zentrum Bozens oder Merans schlägt mit ca. 20 € zu Buche.

Wer in Italien ein **Auto mieten** möchte *(noleggio)*, muss mindestens 21 Jahre alt sein, den Führerschein mindestens ein Jahr besitzen und Eigentümer einer Kreditkarte sein. Bei internationalen Autovermietern bucht man in der Regel billiger von Deutschland aus (www.autoeurope.de).

Essen und Trinken

Kulinarisch kann man es kaum besser treffen als in Südtirol, denn hier hat sich die bodenständige Kost Österreichs mit der mediterranen Küche Italiens verbunden. Aus bäuerlicher Tradition stammt die **Marende**, da harte Bergbauernarbeit am Nachmittag nach einer Stärkung verlangt: Speck, Kaminwurz, Käse, Vinschgerl, Schüttelbrot und ein Glas Wein, bevorzugt Vernatsch. Heute findet man die kalte Zwischenmahlzeit auch auf der Speisekarte von Almhütten und Restaurants. Die traditionelle Küche ist so deftig wie schmackhaft. Beliebt sind vor allem die aus Nordtirol stammenden **Knödel**, die in allen nur denkbaren Varianten serviert

Ihr Hotel in Partschins mit
Panoramablick auf die
Kurstadt Meran

www.hotel-niedermair.com

Panorama Hotel Niedermair
Familie Kuen
Vertigen 8 • I-39020 Partschins • Südtirol - Italien
Tel. +39 0473 967 171 • info@hotel-niedermair.com

***s Hotel Sambergerhof *in Villanders mit Blick auf die gesamten Dolomiten*

Das familiengeführte Granpanorama Wellness Hotel mit Blick zu den Dolomiten liegt am Sonnenhang im Eisacktal! Das Hotel grenzt an die Villanderer Alm, eine der schönsten Almen Südtirols. Wir bieten Südtiroler Spezialitäten sowie vegetarische Küche. Wöchentliches Unterhaltungsprogramm, Sat-TV, kostenloses W-Lan im ganzen Haus. Viele Wanderungen ab Hotel, Tennis, Mountainbike, beheiztes Freibad, externer und interner Whirlpool, Massagen, Kosmetik, 4 Saunen, Kinderspielplatz, Hunde erlaubt, Tiefgarage. Neu: 180° Webcam zu den Dolomiten

Tagespreis ab **66 €** pro Person • Wochenpreis ab **483 €** pro Person inklusive Frühstückbuffet + 4-Gang-Wahlmenü

Info & Buchung

Gran-Panorama Wellness Hotel Sambergerhof
Oberland 48 • I-39040 Villanders
Tel. 0039 0472 843166 • info@sambergerhof.com
www.sambergerhof.com

Südtirol für Genießer

Stephanshof
GRANPANORAMA**HOTEL**

In schönster Panoramalage auf dem Sonnenplateau von Villanders gelegen, bietet das Granpanorama Hotel StephansHof **** seinen Gästen kulinarischen Hochgenuss vor der Traumkulisse der Dolomiten.

Im Angesicht der mächtigen Spitzen der Dolomiten, die sich hier von jedem Zimmer aus zeigen, gedeihen im Eisacktal italienweit berühmte Weißweine. Gemeinsam mit der traditionellen Südtiroler Küche, der sich das Küchenteam vom Granpanorama Hotel StephansHof verschrieben hat, sorgen sie für unverfälschten Berggenuss. Das pittoreske Dörfchen Villanders begeistert außerdem durch seine zentrale Lage im Herzen Südtirols, die den Besuch des ganzen Landes ermöglicht, und einer wunderschönen Hochalm, die sich sommers wie winters für ausgedehnte Wanderungen in unberührter Natur eignet. Schon seit über 30 Jahren kümmert sich die Familie Egger liebevoll um ihre Gäste.

**Granpanorama
Hotel StephansHof**
Fam. Egger

St. Stefan 12 | 39040 Villanders
Italien | Südtirol

www.stephanshof.com
info@stephanshof.com

Tel. +39 0472 843 150
Fax +39 0472 843 348

Das Auge isst mit: Blütensalat, wie ihn die Gostner Schwaige auf der Seiser Alm serviert.

werden: Kas-, Servietten-, Spinat- und schwarzplentene Knödel (aus Buchweizen), Leber-, Speck- und Fastenknödel oder Marillen- und Zwetschgenknödel. Eine Südtiroler Spielart der italienischen Ravioli sind die oft mit Spinat gefüllten **Schlutzkrapfen**.

Im Herbst laden viele Buschenschänken zum Probieren der neuen Weine beim **Törggelen** ein. Ganzjährig organisiert der Verein der Südtiroler Weinstraße (www.suedtiroler-weinstrasse.it) Weinsafaris zu ausgewählten Betrieben. Anfang Juni, zur „Nacht der Keller", öffnen viele Winzer ihre Gewölbekeller zur Weinverkostung. Ausgewählte Restaurantadressen finden sich auf den Infoseiten der einzelnen Kapitel. Dabei gelten folgende Preiskategorien:

Preiskategorien

€ € € €	Hauptspeisen	über 25 €
€ € €	Hauptspeisen	15–25 €
€ €	Hauptspeisen	10–15 €
€	Hauptspeisen	unter 10 €

Feste und Feiertage

Höhepunkte des bäuerlichen Lebens waren in Südtirol seit jeher religiöse Feste mit farbenfrohen Prozessionen, von denen noch viele tief im Alltag verankert sind. In etlichen Tälern blieben auch archaische Bräuche erhalten, die auf heidnische Mythen zurückgehen und mit großer Leidenschaft gefeiert werden.

An Ostern ist z. B. das **Osterpecken** oder **Preisguffen** beliebt. Nach dem Gottesdienst am Ostersonntag werden zwei gekochte und gefärbte Eier erst am spitzen, dann am flachen Ende zusammengeschlagen. Wessen Ei heil geblieben ist, der hat gewonnen und bekommt beide Eier. Am Donnerstag vor Fastnacht findet am Stilfserjoch das **Zusslrennen** statt, mit dem lautstark der Winter vertrieben werden soll. In ungeraden Jahren treibt in Tramin zur Fastnachtszeit der **Egetmann** sein Unwesen. Die Narren ziehen auf geschmückten Pferdegespannen und Eselswagen durch den Ort, bewerfen die Zuschauer mit Mehl und Ruß und treiben ihre Streiche mit ihnen. Auf einen rätischen Feuer- und Fruchtbarkeitskult geht das **Scheibenschlagen** im Vinschgau zurück. Ein beliebter Ort ist der Tartscher Bühel, wo am ersten Fastensonntag Holzscheiben mit Hasel-

nussruten in die Glut gehalten und anschließend umhergeschwungen werden, wodurch sie zu glühen beginnen. Am zweiten Sonntag nach Fronleichnam flackern Tausende von Lichtern über den abendlichen Tälern, zeichnen die Grate der Berge nach, formen meterhohe Kreuze und riesige Herzen. In Südtirol ist der heidnische Brauch der Sonnwendfeuer oder **Herz-Jesu-Feuer** eng mit der Historie des Freiheitskampfes verbunden. Anfang/Mitte Juni findet rund um Kastelruth, Völs und Seis das Reiterturnier **Oswald-von-Wolkenstein-Ritt** in historischen Trachten statt. Mit **Mariä Himmelfahrt** (15. Aug.) beginnt die Hauptferienzeit *(ferragosto)* in Italien, dann ist Südtirol ein beliebtes Ziel der südlichen Nachbarn. Vor allem im Sommer gibt es viele **Dorf- oder Stadtfeste** mit Verkostung regionaler Produkte. Während des Advents wird es richtig laut im Sarntal, denn an den drei Donnerstagen findet das **Klöckeln** statt, bei dem vermummte Burschen mit Getöse von Hof zu Hof ziehen und das Klöckellied singen. Noch wilder geht es im

Obervinschgau in Prad und Stilfs zu. Das ohrenbetäubende Treiben am Samstag vor Nikolaus mit Schellengeläut und Kettengerassel nennt sich **Klosn** oder Perchtenumzug.
Aktueller Veranstaltungskalender:
www.suedtirol.info/de/erleben/events

Geld

Italien gehört zur **Eurozone**. Für die nicht ans Eurosystem angeschlossene Schweiz gilt z. Zt.: 1 € = 1,16 CHF bzw. 1 CHF = 0,86 €. **Banken** sind in der Regel Mo.–Fr. 8.30–13.00 Uhr geöffnet, nachmittags variieren die Öffnungszeiten. An Tagen vor Feiertagen *(prefestivi)* schließen die Banken mittags. An Geldautomaten *(bancomat)* kann man rund um die Uhr Geld abheben. **Sperrnotruf** bei Verlust der Bank- bzw. Kreditkarte: Tel. 0049 116 116 (außerhalb Deutschlands gebührenpflichtig) bzw. www.sperr-notruf.de. In Italien sind Käufer verpflichtet, **Kassenbelege** *(ricevuta fiscale, scontrino)* zu verlangen und aufzubewahren. Es kann vorkommen, dass man nach Verlassen eines Geschäfts aufgefordert wird, die Quittung vorzuzeigen. Damit sollen Steuerbetrug und Verkauf gefälschter Markenwaren erschwert werden.

Gesundheit

Im Gebirge sollte man nicht allein unterwegs sein, denn in den Bergen ist der Handyempfang zum Anfordern von Hilfe nicht überall gewährleistet. Man sollte sein Ausflugsziel im Hotel

Info

Daten & Fakten

Geografie und Naturraum: Südtirol hat eine Fläche von 7400 km², wovon 80 % gebirgig und 44 % bewaldet sind. Es grenzt im Norden und Osten an die österreichischen Bundesländer Tirol und Salzburg, im Süden an die Provinzen Venetien und Trient, im Südwesten an die Lombardei und im Westen an den Schweizer Kanton Graubünden. Die Vegetationszonen reichen von Palmen und Weingärten in den submediterranen Tallagen über dichte Laub- und Nadelwälder bis hinauf in den hochalpinen, teils vergletscherten Bereich. Höchster Berg: Ortler (3905 m). Größter Badesee: Kalterer See (1,47 km²). Größte Hochalm: Seiser Alm (56 km²). Längste Flüsse: Etsch (138 km), Eisack (100 km), Rienz (84 km; jeweils nur die Strecken in Südtirol). National-/Naturparks: Nationalpark Stilfserjoch, Naturpark Schlern-Rosengarten, Naturpark Texelgruppe, Naturpark Puez-Geisler, Naturpark Fanes-Sennes-Prags, Naturpark Trudner Horn, Naturpark Drei Zinnen, Naturpark Rieserferner-Ahrn.
Bevölkerung: Südtirol hat ca. 520 000 Einwohner, davon leben die meisten in der Haupt-

stadt Bozen (107 000) und in Meran (40 000). Die Bevölkerungsdichte beträgt 68,2 Einw./km². Es gibt drei offizielle Landessprachen: 69 % der Bevölkerung sprechen Deutsch, 26 % Italienisch und 5 % Ladinisch. Das Ladinische, eine rätoromanische Sprache, wird noch in den Dolomitentälern Gröden und Alta Badia gesprochen. Das Schulsystem in Südtirol ist nach Sprachen getrennt. Deutsch bzw. Italienisch wird als erste Fremdsprache unterrichtet. Der Ausländeranteil beträgt 9 % (47 000); mehr als die Hälfte davon stammen aus der EU. 95 % der Südtiroler sind römisch-katholisch. **Wirtschaft:** Mit einer Arbeitslosenquote von 3,5 % herrscht nahezu Vollbeschäftigung. Das größte zusammenhängende Apfelanbaugebiet Europas erbringt jährlich ca. 1 Mio. Tonnen Äpfel, mehr als 10 % der europäischen Ernte. 98 % der Südtiroler Weine tragen die kontrollierte Ursprungsbezeichnung DOC. Die drei Rebsorten Vernatsch, Lagrein und Gewürztraminer gelten als autochthon. Südtirol erzeugt fast doppelt soviel elektrische Energie, wie es verbraucht, einen Großteil durch Wasserkraft.

ANSITZ
Tschindlhof
Familie von Mörl

Ansitz Tschindlhof ***
I-39057 St. Michael-Eppan
Bergweg 36
Tel.: +39 04 71 66 22 25
Fax. +39 04 71 66 36 49
E-Mail: info@tschindlhof.com
www.tschindlhof.com

Mit besten Empfehlungen

Tschindlhof - Ambiente und Lebensart
Urlaub in Eppan an der Südtiroler Weinstraße
Wir freuen uns auf Sie !

eppan
Burgen Seen Wein
südtirol

Hotel & Gasthof mit Dolomiten-Panorama für Urlaube
mit Wandern, guter Küche, feinem Wein, Obst, Gemüse
und Kräuter aus eigenem Anbau. Richtiges Hallenbad, Massagen
und Sauna im Haus. Familie Eisenstecken freut sich auf Ihren Besuch.

www.steinegger.it   TEL: 0039 0471 662248

EPPAN · BERG · SÜDTIROL · ITALIA
Steinegger
ERBHOF

HOTEL
THALHOF
AM SEE
★ ★ ★ ★

Urlaub am
Kalterer See
Südtirol – Italien

www.thalhof.it ✳ info@thalhof.it ✳ +39 0471 960163

info@perwanger.com – Tel.: +39-0471-706256

Anfragen / Online-Buchung: www.perwanger.com

Ferienidylle im Naturpark Schlern - Seiser Alm

Sommer und Winter: Genussreicher, aktiver Urlaub
im familiengeführten
Hotel & Appartements Perwanger *
Gemütliche Zimmer und Appartements – Bikes
solargeheiztes Freibad – Fitness – Sauna
St. Konstantin – Völs am Schlern – Südtirol

*Oben: Apfelfest in Natz-Schabs.
Rechts: Oswald-von-Wolkenstein-Ritt in Völs am Schlern.*

kundtun. In höheren Regionen ist die UV-Strahlung selbst bei Nebel oder Wolken sehr hoch und ein entsprechender Sonnenschutz ratsam.

Lektüretipps

Baedeker Reiseführer Südtirol: Ausführliche Informationen mit Infografiken, 3D-Illustrationen und Reisekarte. Baedeker, Ostfildern.
Baedeker smart Südtirol: Kompakter Führer mit Spiralbindung. Baedeker, Ostfildern.
DuMont Wanderführer Südtirol/Westliche Dolomiten: 35 Panoramatouren und Rundwanderungen. Mit Routenkarten und Höhenprofilen. DuMont Reiseverlag, Ostfildern.
David Calas, Schauplätze der Architektur in Südtirol: Gezeigt werden interessante historische und außergewöhnliche zeitgenössische Bauten. Mit Fotos von Sven Wuttej. Folio, Wien.
Claus Gatterer, Schöne Welt, böse Leut: Eine Kindheit in Südtirol zur Zeit des Faschismus hat der Autor in einen ironischen Roman verpackt. Der Klassiker der Südtirol-Literatur. Folio, Wien.
Norbert Niederkofler, Mein Südtirol: Der erste Drei-Sterne-Koch Südtirols gewährt einen sinnlichen Blick in seinen Kochalltag und zeigt die elementare Urwüchsigkeit seiner Heimat. Mit Fotos von Udo Bernhart. Heyne, München.

Notruf

Einheitlicher Notruf in der EU: Tel. 112 (Polizei, Unfallrettung, Feuerwehr, Bergrettung) Mit der App **112 Where ARE U** kann man mit dem Mobiltelefon einen Notruf absetzen und gleichzeitig seine GPS-Koordinaten an die Notrufzentrale mitsenden.

Reisezeit/Wetter

Südtirol liegt an der wetterbegünstigten Alpensüdseite, die kalten Luftströme aus dem Norden werden vom Alpenhauptkamm abgefangen. Während auf den Hochgebirgsgipfeln ganzjährig Schnee liegt, ist das Klima in den nach Süden geöffneten Talböden von Etsch und Eisack fast mediterran. Dementsprechend beträgt die mittlere Jahrestemperatur z. B. in Bruneck um die 6 °C, im östlicher gelegenen Innichen 4,7 °C, in Meran 9,8 °C und in Gries bei Bozen 11,7 °C. (Zum Vergleich: Die wärmste deutsche Stadt Freiburg kommt auf 10,4 °C.) Das Frühjahr beginnt meist schon im März, der Herbst endet oft erst Anfang November. Die Hauptsaison sind Juli und August, dann kann man in den wärmeren Bergseen baden und auch in hohen Lagen hervorragend wandern. Die Skisaison beginnt Anfang Dezember und endet etwa Anfang April. **Wetterbericht:** www.provinz.bz.it/wetter/suedtirol.htm. **Webcams:** www.suedtirol24.tv

Souvenirs

Mit kulinarischen Einkäufen kann man zu Hause die Erinnerung an den Urlaub wachrufen. Neben

Info

Geschichte

ca. 5000 v. Chr.: Siedler kommen bereits nach dem Verschwinden der eiszeitlichen Gletscher nach Südtirol.
15 v. Chr.: Die Römer nehmen die Region ein. Ein Meilenstein ist der Bau der Kriegs- und Handelsstraße Via Claudia Augusta.
476 n. Chr.: Im Zuge der Völkerwanderung kommen Goten, Franken, Langobarden und Bajuwaren über die Alpen.
um 1140: Die Grafen von Tirol bauen ihre Vorherrschaft aus; Margarete Maultasch ist ihre letzte Regentin.
1363: Es folgen die Habsburger, deren Herrschaft bis 1918 anhält.
1805: Napoleon besiegt Österreich, und Tirol fällt an Bayern.
1809: Die Bauern unter ihrem Anführer Andreas Hofer erheben sich gegen Bayern, verlieren aber die entscheidende Schacht am Bergisel.
1815: Österreich bekommt Tirol zurück.
1919: Nach dem Ersten Weltkrieg muss Österreich den südlichen Teil Tirols an Italien abtreten.
1922: Die Faschisten ergreifen unter Benito Mussolini die Macht. Die Unterdrückung der deutschen Minderheit beginnt. Deutsche Namen werden in italienische umbenannt, die deutsche Sprache wird verboten. Im Untergrund unterrichten ehemalige Lehrer heimlich in „Katakombenschulen".
1935–1939: Hitler und Mussolini beschließen das Umsiedlungsabkommen, die sogenannte „Option". Wer als Südtiroler nicht für die Rückkehr „heim ins Reich" optiert, muss italienischer Staatsbürger werden. Etwa 80 Prozent entscheiden sich für die Auswanderung.

1945: Bei der Friedenskonferenz in Paris wird entschieden, dass Südtirol bei Italien bleibt, aber Schutz und Gleichstellung der Südtiroler Minderheit garantiert werden.
1948–1956: Erstes Autonomiestatut: Trentino und Südtirol bilden eine autonome, allerdings italienisch dominierte Region. Rom fördert die verstärkte Zuwanderung von Italienern.
1957: Auf Schloss Sigmundskron fordern 35 000 Südtiroler unter dem Motto: „Los von Trient!" die Autonomie Südtirols.
1961: In der Feuernacht vom 11./12. Juni werden Dutzende von Hochspannungsmasten in die Luft gesprengt.
1972: Zweites Autonomiestatut: Südtirols Rechte werden gestärkt, Deutsch wird zweite Amtssprache. Doch der komplette Maßnahmenkatalog wird erst 20 Jahre später erfüllt.
1991: Im Schnalstal wird die Gletschermumie Ötzi (5300 Jahre alt) gefunden.
1998: Schengenabkommen: An der italienisch-österreichischen Grenze fallen die Grenzbarrieren.
2009: Die UNESCO erklärt die Dolomiten zum Weltnaturerbe.
2013: Bei der Landtagswahl verliert die Südtiroler Volkspartei (SVP) erstmals seit 1948 die absolute Mandatsmehrheit und bildet mit dem Partito Democratico (PD) eine Koalition.
2015: Mit dem spektakulären MMM Corones auf dem Kronplatz schließt Reinhold Messner sein Projekt der insgesamt sechs Messner Mountain Museen ab.
2018: Bei den Parlamentswahlen im Frühjahr erhält Italien eine neue Regierung, ein Bündnis der populistischen Fünf-Sterne-Bewegung mit der rechten Lega.

Info

Reisedaten

Flug ab Deutschland: Von München oder Berlin nach Verona mit Eurowings ab 80 €
Bahn: München–Bozen mit „Sparpreis Europa" der Deutschen Bahn ab 30 €, Berlin–Bozen ab 50 €
Bus: München–Bozen mit Flixbus ab 13 €
Mietwagen: Ab 36 €/Tag, 157 €/Woche
Benzin: 1 Liter Super ab ca. 1,75 €
Unterkunft: Alm- oder Weinbauernhöfe ab 60 €, gehobene Hotelkategorie ab 200 € je DZ/Tag, inkl. Frühstück
Restaurant: Tageshauptgericht ca. 12 €, einfache Mahlzeit ab 7 €
Espresso: ab 1,50 €
Devisen: Euro
Reisepapiere: Für Deutsche, Österreicher, Schweizer genügt der Personalausweis. Kinder brauchen einen eigenen Ausweis, je nach Alter Kinderreisepass, Reisepass oder Personalausweis
Sprache: Landessprache ist Italienisch, in einigen Regionen wird auch Ladinisch gesprochen, fast überall Deutsch verstanden.
Ortszeit: MEZ/MSZ

Käse, Wein, Vinschgerln und Schüttelbrot gehört natürlich **Südtiroler Speck** zur Marende. Bei der üppigen Schinkenproduktion muss auch Fleisch importiert werden, weshalb der Speck von heimischen Schweinen extra gekennzeichnet ist. **Kunsthandwerk**, von schönen Holzschalen über Weidenkörbe bis zu Produkten aus Schafwolle oder Filz, entsteht während der Wintermonate auf vielen Bauernhöfen (www. roterhahn.it). **Holzschnitzereien** aus dem Grödnertal sind ebenfalls beliebte Souvenirs. Handgefertigtes wird durch ein Zertifikat geschützt, ein Metallplättchen mit dem Zeichen der Handwerkskammer Bozen und dem Schriftzug „Entirely Hand Carved". Mit **Loden** stattete die Tuchfabrik Moessmer aus Bruneck schon Kaiser Franz Josef aus. **Teiser Steinkugeln** aus dem Mineralienmuseum Teis bergen innen funkelnde Kristalle aus den Dolomiten. In der Latschenölbrennerei Bergila im Pustertal werden Latschenkiefernadeln zu **Bioduftölen** destilliert. **Zirbenholzkissen** riechen nicht nur gut, sondern verlangsamen auch den Herzschlag und sorgen so für eine ruhige Nacht.

Sport

Wandern und Bergsteigen: Bizarre Dolomitenfelsen, urige Almen und smaragdgrüne Seen – die Natur Südtirols ist so abwechslungsreich, dass Wanderer wie hochalpine Kletterer hier ihr Terrain finden. Bei geringer Steigung kann man alten Bewässerungskanälen auf Waal-Wanderwegen folgen. Ambitionierte zieht es eher auf lange Touren wie den Europäischen Fernwanderweg E 10. Eine alpine Attraktion für Schwindelfreie sind die Klettersteige, mit Eisenleitern und Drahtseilen gesicherte Wege. Es gibt 14 Alpinschulen mit etwa 180 geprüften Bergführern (www.trekking.suedtirol.info, www.alpenverein. it, www.bergfuehrer-suedtirol.it).
Radfahren: Wer locker über Dolomitenpässe radelt, kann bei der „Maratona dles Dolomites" im Juli mitfahren. Die 138 km lange Rundtour mit Start in La Villa und Ziel in Corvara enthält 8 Pässe und 4190 Höhenmeter (www.maratona.it). Es geht aber auch gemütlicher, z. B. auf dem Etsch-Radweg vom Reschen nach Meran und weiter an die südliche Grenze Südtirols. Der Radweg durchs Pustertal geht an der Grenze zu Österreich in den Drau-Radweg über (www.suedtirol. com/biken, www.mountainbiker.it).
Wassersport: Im Sommer sorgen der Kalterer See, der Montiggler See, der Vahrner oder Völser Weiher für natürliche Erfrischung. Wenn das Wetter nicht mitmacht, findet man in den meisten größeren Orten Wellnesszentren wie die Therme Meran (s. S. 43), die Acquarena Brixen (www.acquarena.com) oder das Cron 4 im Pustertal (www.cron4.it). Das Mekka für Kiter und Windsurfer ist der Reschensee, auch einen Segelclub gibt es dort. Segler bevölkern überdies den Kalterer See (www.svks.it, www.segelverein-reschensee.com, www.kiteschool.it).
Golf: In Südtirol kann man auf fünf 18-Loch- und fünf 9-Loch-Anlagen abschlagen. Eine mit sehr viel Wasser gestaltete 9-Loch-Anlage, genannt „The Blue Monster", ist in Eppan entstanden. Ganz sportlich kommt der Golfclub Karersee daher; im Juni findet dort der „Alpin Iron Man" statt, ein Turnier über 54 Loch mit einer Spieldauer von zwölf Stunden.
Die Golfcard Südtirol ist eine Vorteilskarte für vier Golfrunden mit 20 % Ermäßigung aufs die Greenfee (www.golfinsuedtirol.it).

Wintersport: Auf zugefrorenen Bergseen eislaufen, im Mondschein rodeln oder auf Skiern die Panoramapiste Sellaronda absolvieren und dabei leckere Gourmetküche auf der Hütte genießen – Wintersportaktivitäten in Südtirol sind vielfältig. Vom Schlepplift bis zur Großkabinen-Gletscherbahn ist alles vorhanden. Fast jeder Wintersportort bietet neben Skischulen und Sportgeräteverleih auch Skipässe im Verbund mit benachbarten Orten an. Dolomiti Superski ist der weltweit größte Lift- und Pistenverbund, zwischen Eisacktal, Pustertal und Fleimstal. Der Skipass gilt für zwölf Skigebiete. Insgesamt 450 Lifte, 1200 km Abfahrtspisten und 1177 km Langlaufloipen stehen zur Verfügung. Ein Tagespass in der Hauptsaison kostet 59 Euro (www. dolomitisuperski.com).

Telefon

Vorwahl von Deutschland, Österreich und der Schweiz nach Italien: +39; aus Italien nach Deutschland: +49, nach Österreich: +43, in die Schweiz: +41.
Die **Ortsvorwahlen** sind Bestandteil der italienischen Festnetznummern. Bei Anrufen, auch aus dem Ausland, muss immer die Vorwahl **einschließlich der 0** mitgewählt werden. Dagegen haben **Mobilfunknummern** keine vorangestellte 0. Man erkennt sie in Italien an den dreistelligenVorwahlen, die stets mit einer 3 beginnen. Das Handynetz ist ausgezeichnet, in den Bergen muss man jedoch mit Funklöchern rechnen. Mobiltelefone *(telefono cellulare)* wählen sich automatisch in das entsprechende Partnernetz ein. Eine vor Ort erworbene Prepaid-Karte ist vor allem für Telefonate von Italien ins Ausland deutlich günstiger.

Herrliche Wanderwege, wie hier im Ahrntal, finden sich in Südtirol wie Sand am Meer.

Unterkunft

Kleine **Pensionen** haben Südtirol einst über die Landesgrenzen hinaus bekannt gemacht. Bei steigenden Ansprüchen können sich heute nur solche Gastgeber halten, die mit einer spektakulären Lage oder besonderem Flair punkten. Selbst die **Bauernhöfe** vom Südtiroler Bauernbund Roter Hahn (www.roterhahn.it) halten für ihre Gäste bisweilen komfortable Chalets bereit. Auch die klassischen **Hotels** bieten mehr als Schlaf und Nahrung: neben speziellen kulinarischen Genüssen oder Wellnessanwendungen z. B. geführte Ausflüge in die Umgebung. Das weite Spektrum der Hotellerie reicht von Wellnesshotels (www.suedtirol.com/wellness, www.belvita.it, www.suedtirol-tirol.com/wellness, www.badlkultur.it) über Weinhotels (www.vinum hotels.com) bis hin zu Design- (www.design hotels-suedtirol.com, www.sudtirol.com/de/designhotels.htm) oder Wanderhotels (www.vit

Preiskategorien

€ € € €	Doppelzimmer	über 200 €
€ € €	Doppelzimmer	150 – 200 €
€ €	Doppelzimmer	100 – 150 €
€	Doppelzimmer	unter 100 €

alpina.info). Auch ausgefallene **Campingplätze** (www.glamping.info/luxuscamping/südtirol-trentino) gibt es, wo man in Baumhäusern, Chalets oder Luxuscamps übernachten kann. Ausgewählte Unterkünfte finden sich auf den Infoseiten.

Verkehrsverbund

Mit der **Mobilcard** kann man an 1, 3 oder 7 aufeinanderfolgenden Tagen (15/23/28 €) alle öffentlichen Verkehrsmittel in ganz Südtirol nutzen. Die **Museumobil Card** kombiniert die freie Fahrt mit freiem Eintritt in über 90 Museen (3/7 Tage, 30/34 €). Mit der **Bikemobil Card** (1/3/7 Tage, 25/30/35 €) erhält man zusätzlich zur freien Fahrt an einem der gelösten Tage ein Leihfahrrad, das aber nicht mit den öffentlichen Verkehrsmitteln transportiert werden darf. Erhältlich sind die Karten bei allen Tourismusämtern, den Verkaufsstellen des Südtiroler Verkehrsverbunds und den eingebundenen Museen (www.mobil card.info).
Vor allem größere Städte und Regionen haben auch eigene **Gästekombikarten**, die Fahrten mit öffentlichen Verkehrsmitteln mit freien oder ermäßigten Seilbahnfahrten und Eintritten für verschiedene Sehenswürdigkeiten kombinieren. Einige Hotels stellen ihren Gästen solche Karten gratis zur Verfügung.

Info

Wetterdaten

	TAGES-TEMP. MAX.	TAGES-TEMP. MIN.	TAGE MIT NIEDER-SCHLAG	SONNEN-STUNDEN PRO TAG
Januar	4°	–2°	4	4
Februar	8°	–1°	4	3
März	13°	3°	6	5
April	18°	7°	7	6
Mai	19°	9°	12	6
Juni	22°	10°	9	6
Juli	26°	14°	10	7
August	27°	15°	9	7
September	24°	12°	7	6
Oktober	17°	7°	7	5
November	10°	2°	8	3
Dezember	5°	–2°	5	3

Badefreuden in Südtirol: Die Zahl der Badeseen ist zwar überschaubar, doch der Kalterer See gilt immerhin als wärmster See der Alpen.

Register

Fette Ziffern verweisen auf
Abbildungen

A
Ahrntal 23, **114**, **123**
Algund 42
Alta Badia 58, 63, 117

B
Bletterbachschlucht 99
Bozen **12/13**, **14/15**, **81**, 82, **83**,
   84, 85, **86**, 87, 97, 108, 110, **118**
Brenner, Pass **32**, 73, **77**, 78
Brixen **5**, **65**, **70**, **71**, 73, 78, 123
Bruneck 102, **104**, **105**, 113, 122, 123

C/D
Campolongo, Pass 48, 63
Churburg, Schloss **28**, 41
Dorf Tirol **32**, **33**, 42
Drei Zinnen, Gebirge **4**, **8/9**, 106,
   107, **115**

E/F
Eggental **48**, 61
Eisacktal 66 ff., 74, 75, 77 ff.
Eppan 93, 94, **98**, 123
Feldthurns **66**, 74, 78, 79
Fischleintal 115
Fragsburg, Burg 37, 43
Franzensfeste **78**

G
Gadertal 56, 62
Geislergruppe, Gebirge **52**, **68**, **79**
Gilfenklamm **73**, 77
Girlan **90**, 94
Glurns **29**, 41
Gossensass 73, **77**
Graun 27, 29, 41, 116
Grödnerjoch 48, 63
Grödnertal **19**, 48, **53**, 62, 123
Große Dolomitenstraße 47, 61
Gsieser Tal 114

H/I/J
Haderburg, Burg **92**
Hafling **22**, 43
Hauenstein, Burg 61
Hocheppan, Burg 93, **98**
Höhlensteintal 106, 114
Innichen **104**, 115, 122
Jenesien **20/21**, 23, **81**, **89**, 98
Juval, Schloss **31**, 32, 42

K
Kalterer See **7**, **90**, **91**, 95, 98, 120,
   123, **124**
Kaltern **90**, 91, 94, 95, 98
Karersee 61
Kastelbell **30**, **31**, **42**
Kastelruth **54**, 61, **62**, **63**, 120
Klausen **70**, **78**, 79
Klobenstein 85, 98

Kohlerer Berg 98
Kronplatz, Berg **7**, 23, **103**, 105,
   113, **117**

L
Laas **41**
Lajen 74, **75**, **78**
Lana 43
Landro 106, **114**
Langkofel, Gebirge **45**, 47, **49**, **53**
Latemarwald 48, 61
Latzfonser Kreuz **69**, **78**, 79

M
Mals 22, 31, 32, **41**
Margreid 91, 93, 95, 99
Maria Weißenstein, Kloster **92**, **93**, 99
Marienberg, Kloster 30, 31, 41
Meran 22, 32, **34**, **35**, 42, 43, 108,
   118, 123

N
Nals 88, **94**, 98
Nationalpark Stilfserjoch 41
Naturns 41, 42
Naturpark Drei Zinnen **101**, 106, **114**
Naturpark Fanes-Sennes-Prags 102
Naturpark Schlern-Rosengarten 61
Naturpark Texelgruppe **25**
Natz-Schabs 66, **67**, 78, **122**
Neumarkt 93, 99
Neustift, Kloster 78
Niederdorf 102, **114**

O/P
Ortler, Berg **26**, **120**
Passeiertal 32, 42, 116
Paternkofel, Berg **8/9**, 106, 115
Pflerschtal 77
Piz la Ila, Berg 58, 63
Plattkofel, Berg **23**, **45**, 47
Plimaschlucht **42**
Pordoijoch 48, 63
Pragser Wildsee **102**, 114
Prösels, Schloss 61

R
Reschen, Pass 27, 41, 116, 118, 123
Reschensee **26**, **27**, 29, 41, **116**, 123
Ridnauntal **16/17**, **77**, 78, 79
Ritten, Berg 37, 82, 85, 97
Rittner Erdpyramiden **82**, 85, **97**
Rittner Horn **83**, **97**, **118**
Rosengarten, Gebirge 47, **54**, **55**,
   61, **62**
Runkelstein, Schloss **82**, 97

S
Säben, Kloster **78**, 79
Salurn 88, **92**, 98
Sarntal 98, 116, 120
Schenna 22, 43
Schlern, Berg **46**, 47, **56**, 61
Schluderns **28**, 41

Schnalstal **30**, 41, 42, 116
Schneeberg, Berg 78
Seis 61, 62, 120
Seiser Alm **7**, **23**, 37, **45**, **46**, **47**,
   56, **61**, 62, **116**, 117, 120
Sellajoch 48, 63
Sellaronda **18/19**, 58, 62, **63**, **123**
Sellastock, Gebirge **50**, 54, 63
Sexten **107**, **114**, 115
Sextental 115
Sigmundskron, Schloss **88**, **98**, **122**
Sonnenburg, Schloss **103**, **113**
Spronser Seen 42
St. Anton 98
St. Christina 53, 62
Sterzing **72**, 73, 77, **78**
Stilfserjoch 41, **118**, 120
St. Kassian 62, **63**, **117**
St. Lorenzen **103**, 113
St. Martin in Passeier 22
St. Martin in Thurn 62, **110**
St. Ulrich **49**, 53, **62**
Sulden 43

T
Tartscher Bühel 31, **41**, 120
Terlan 91, 94
Texelgruppe, Gebirge 32, 42
Timmelsjoch **33**, 42, **118**
Tirol, Schloss 32, **33**, 42
Toblach **114**, **117**
Tramin 91, **95**, **98**, 99
Trauttmansdorff, Schloss 32, **35**, 43
Tschögglberg, Bergrücken **81**, **88**,
   89, 98

U/V/W
Ultental **26**, 37
Vigiljoch 35, 43
Villanders **67**, **74**, 79
Villnöß **68**
Vinschgau **22**, 24 ff., 58, 120
Völs am Schlern 37, 61, 62, 120, **122**
Völser Weiher **61**, 62, 123
Welschnofen 61
Wolfsthurn, Schloss **77**, 78
Wolkenstein 48, 53, 62, 63

Impressum

1. Auflage 2018
© DuMont Reiseverlag, Ostfildern

Verlag: DuMont Reiseverlag, Postfach 3151, 73751 Ostfildern, Tel. 0711/4502-0,
Fax 0711/4502-135, www.dumontreise.de
Geschäftsführer: Dr. Thomas Brinkmann, Dr. Stephanie Mair-Huydts
Programmleitung: Birgit Borowski
Redaktion: Elke Schäle-Schmitt
Text: Margit Kohl
Exklusiv-Fotografie: Frank Heuer
Titelbild: Zahn/laif (im Gadertal)
Zusätzliches Bildmaterial: Seite 4 l. Udo Bernhart; 22 o. Shutterstock; 54 (beide)
laif/Frieder Blickle; 58 o. r. Udo Bernhart; 90 u. laif/Thomas Linkel; 94 o., 95 u. l.
iStock; 102 u. Hotel Pragser Wildsee, Archiv; 116 o. fotolia; 116 u. l. IDM Südtirol/
Frieder Blickle; 116 u. r. IDM Südtirol/Manuel Kottersteger; 117 o. l. IDM Südtirol/
Harald Wisthaler; 117 o. r. Drei Zinnen Marketing/F. Pitton; 117 u. Udo Bernhart
86 u. r. Francesco Vezzoli © VG Bild-Kunst Bonn 2018
Grafische Konzeption, Art Direktion: fpm factor product münchen
Layout: CYCLUS · Visuelle Kommunikation, Stuttgart
Kartografie: © MAIRDUMONT GmbH & Co. KG, Ostfildern
Kartografie Lawall (Karten für „Unsere Favoriten")
DuMont Bildarchiv: Marco-Polo-Straße 1, 73760 Ostfildern, Tel. 0711/4502-266,
Fax 0711/4502-1006, bildarchiv@mairdumont.com

Für die Richtigkeit der in diesem DuMont Bildatlas angegebenen Daten –
Adressen, Öffnungszeiten, Telefonnummern usw. – kann der Verlag keine
Garantie übernehmen. Nachdruck, auch auszugsweise, nur mit vorheriger
Genehmigung des Verlages. Erscheinungsweise: monatlich.

Anzeigenvermarktung: MAIRDUMONT MEDIA, Tel. 0711/4502-0,
Fax 0711/4502-1012, media@mairdumont.com, http://media.mairdumont.com
Vertrieb Zeitschriftenhandel: PARTNER Medienservices GmbH, Postfach
810420, 70521 Stuttgart, Tel. 0711/7252-212, Fax 0711/7252-320
Vertrieb Abonnement: Leserservice DuMont Bildatlas,
Zenit Pressevertrieb GmbH, Postfach 810640, 70523 Stuttgart,
Tel. 0711/7252-265, Fax 0711/7252-333,
dumontreise@zenit-presse.de
Vertrieb Buchhandel und Einzelhefte: MAIRDUMONT
GmbH & Co KG, Marco-Polo-Straße 1, 73760 Ostfildern,
Tel. 0711/4502-0, Fax 0711/4502-340
Reproduktionen: PPP Pre Print Partner
GmbH & Co. KG, Köln
Druck und buchbinderische Verarbeitung: NEEF +
STUMME premium printing GmbH & Co. KG, Wittingen,
Printed in Germany

FSC
www.fsc.org
MIX
Papier aus ver-
antwortungsvollen
Quellen
FSC® C001857

Vorschau

hohenegger.it

Teutoburger Wald

Urbaner Charme
Die drei Metropolen der Region: Bielefeld, Paderborn und Detmold.

Wanderspaß ...
... ist garantiert. Nicht nur auf dem Hermannsweg!

Tolle Events
Die Skala reicht von Open-Air-Konzerten über Gourmetfestivals bis zu Burgfesten.

Iran

Museal und dynamisch
Teheran ist eine spannende Weltstadt, prall gefüllt mit musealen Schätzen.

Religiöses Fundament
Eine kleine Einführung in das Schiitentum.

Reich der Sinne
Ein Basar ist schöner als der andere. Die allerschönsten stellen wir vor.

www.dumontreise.de

Lieferbare Ausgaben

DEUTSCHLAND
119 Allgäu
092 Altmühltal
105 Bayerischer Wald
180 Berlin
162 Bodensee
175 Chiemgau, Berchtesgadener Land
013 Dresden, Sächsische Schweiz
152 Eifel, Aachen
157 Elbe und Weser, Bremen
168 Franken
020 Frankfurt, Rhein-Main
112 Freiburg, Basel, Colmar
028 Hamburg
026 Hannover zwischen Harz und Heide
042 Harz
023 Leipzig, Halle, Magdeburg
131 Lüneburger Heide, Wendland
188 Mecklenburgische Seen
038 Mecklenburg-Vorpommern
033 Mosel
190 München
047 Münsterland
015 Nordseeküste Schleswig-Holstein
006 Oberbayern
161 Odenwald, Heidelberg
035 Osnabrücker Land, Emsland
002 Ostfriesland, Oldenburger Land
164 Ostseeküste Mecklenburg-Vorpommern
154 Ostseeküste Schleswig-Holstein
201 Pfalz
040 Rhein zw. Köln und Mainz
185 Rhön
186 Rügen, Usedom, Hiddensee
137 Ruhrgebiet
149 Saarland
182 Sachsen
081 Sachsen-Anhalt
117 Sauerland, Siegerland
159 Schwarzwald Norden
045 Schwarzwald Süden
018 Spreewald, Lausitz
008 Stuttgart, Schwäbische Alb
141 Sylt, Amrum, Föhr
204 Teutoburger Wald
170 Thüringen
037 Weserbergland
173 Wiesbaden, Rheingau

BENELUX
156 Amsterdam
011 Flandern, Brüssel
179 Niederlande

FRANKREICH
177 Bretagne
021 Côte d'Azur
032 Elsass
009 Frankreich Süden Okzitanien
019 Korsika
071 Normandie
001 Paris
198 Provence

GROSSBRITANNIEN/IRLAND
187 Irland
202 London
189 Schottland
030 Südengland

ITALIEN/MALTA/KROATIEN
181 Apulien, Kalabrien
017 Gardasee, Trentino
110 Golf von Neapel, Kampanien
163 Istrien, Kvarner Bucht
128 Italien, Norden
005 Kroatische Adriaküste
167 Malta
155 Oberitalienische Seen
158 Piemont, Turin

014 Rom
165 Sardinien
003 Sizilien
203 Südtirol
039 Toskana
091 Venedig, Venetien

GRIECHENLAND/ZYPERN/TÜRKEI
034 Istanbul
016 Kreta
176 Türkische Südküste, Antalya
148 Zypern

MITTEL- UND OSTEUROPA
104 Baltikum
094 Danzig, Ostsee, Masuren
169 Krakau, Breslau, Polen Süden
044 Prag
193 St. Petersburg

ÖSTERREICH/SCHWEIZ
192 Kärnten
004 Salzburger Land
196 Schweiz
144 Tirol
197 Wien

SPANIEN/PORTUGAL
043 Algarve
093 Andalusien
150 Barcelona
025 Gran Canaria, Fuerteventura, Lanzarote
172 Kanarische Inseln
199 Lissabon
124 Madeira
174 Mallorca
007 Spanien Norden, Jakobsweg
118 Teneriffa, La Palma, La Gomera, El Hierro

SKANDINAVIEN/NORDEUROPA
166 Dänemark
153 Hurtigruten
029 Island
200 Norwegen Norden
178 Norwegen Süden
151 Schweden Süden, Stockholm

LÄNDERÜBERGREIFENDE BÄNDE
123 Donau – Von der Quelle bis zur Mündung
112 Freiburg, Basel, Colmar

AUSSEREUROPÄISCHE ZIELE
183 Australien Osten, Sydney
109 Australien Süden, Westen
195 Costa Rica
024 Dubai, Abu Dhabi, VAE
160 Florida
036 Indien
205 Iran
027 Israel, Palästina
111 Kalifornien
031 Kanada Osten
191 Kanada Westen
171 Kuba
022 Namibia
194 Neuseeland
041 New York
184 Sri Lanka
048 Südafrika
012 Thailand
046 Vietnam